U0081472

西歐，一段不曾停歇的旅程

——法盧荷比英旅記

黃亮鈞、劉蕾　著

旅程總在動念的那一刻　啓程

卻不曾在結束後　停歇

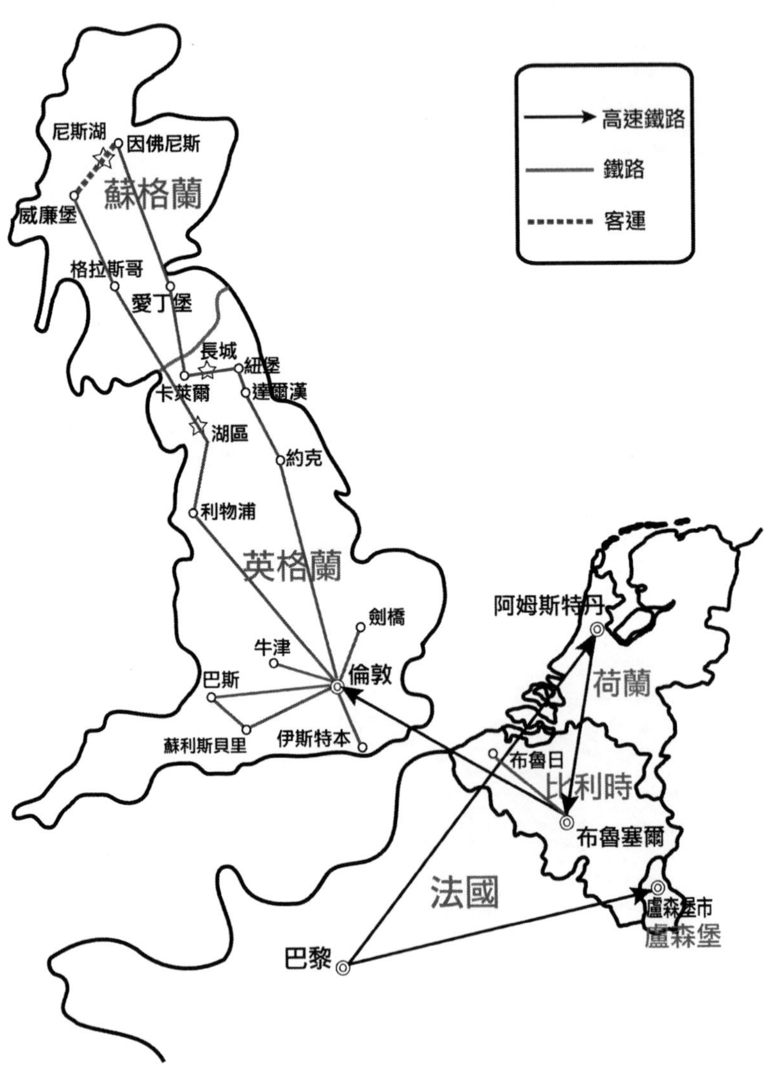
高速鐵路
鐵路
客運
尼斯湖
因佛尼斯
蘇格蘭
威廉堡
格拉斯哥
愛丁堡
長城
紐堡
卡萊爾
達爾漢
湖區
約克
利物浦
英格蘭
劍橋
牛津
倫敦
巴斯
蘇利斯貝里
伊斯特本
阿姆斯特丹
荷蘭
布魯日
比利時
布魯塞爾
法國
盧森堡市
盧森堡
巴黎

自　序

二〇一一年盛夏，我們到西歐遊玩的初衷，原本只是想到英國倫敦探望攻讀博士的表姊，但戒不掉的「旅遊癮」，讓行程像滾雪球一樣，越滾越大，從倫敦擴展到英格蘭和蘇格蘭，又串連起法國巴黎、盧森堡、荷蘭阿姆斯特丹、比利時布魯塞爾和布魯日等，整整二十五天的時間，繞行西歐法盧荷比英五國一周，行經二十餘個城鎮。

期間所見所聞，教人難忘。為了能留住這段吉光片羽，我們決定用文字記下這段遊歷。豈知，寫書竟是一場馬拉松競賽，漫長、艱辛、又充滿蹎跛。

一方面是俗事纏身，為工作、為檢定考試、為提前報到的孩子，時間總被切得零零碎碎，文章往往無法一氣呵成，每回為了銜接前次暫斷的文氣，妙思不再，回頭再尋，耗神又費時。

另方面，我們初次著述，不免好高騖遠，異想讓內容兼具實用性、文學性與批判性，不但鉅細靡遺地交待旅遊過程，又同時詠嘆美景、高談闊論，企圖寫出一本曠世絕作，結果落得吃力不討好，篇篇雜亂無章，最後還得忍痛「割愛」，大幅去蕪存菁。

如此斷斷續續、漫漫長長地寫了一年半載，終於有了雛型，正式將書定位為旅遊散文，文章依國家分門別類，針對親身所見所聞，主題式的記人、記事、或記物，記敘、抒懷又議論，冀望能將心中最深層的靈動，幻化為文，與人分享。

此外，每章節開頭的旅遊札記，除了摘述我們曾走過的足跡，也記錄我們當時的心境，採時序條列，願為有心人作行程規劃上的參考。

最後，我們書中不作半吊子的旅遊導覽，不流於遊記雜誌化——徒有精緻美編的噱頭、卻無濟於實際旅遊——以免誤導讀者，所以關於詳細的旅遊地圖或景點介紹，則留給坊間專業的旅遊工具書去爬梳。

本以為出書之路已近，孰料，最後一哩的出版事宜卻同樣充滿荊棘。

近半年，我們雖然積極地向各出版社尋求合作，可是卻四處碰壁，那些婉轉回絕的背後，究柢是在純文學逐漸萎靡的時代、在書商薄利苦撐的時局、在人人都是寫手的網路世界，像我們以文字為主的散記，沒有亮眼的彩色印刷，沒有逗趣的手繪插圖，作者又沒有文學獎頭銜，亦非部落格上的人氣王，就算文章寫得再好，若無法第一眼就吸引住讀者的目光，我們的書在市場上就是沒有競爭力，也就無法獲得出版社的青睞。

幾番思索，我們最後決定讓寫作由心，文章回歸真性，不為營利、不問市場，自費付梓、自由灑脫，願為自己的生命里程，留下點點滴滴的回憶，以文字延續旅途上的感動，讓西歐之旅永不停歇。

黃亮鈞、劉蕾

二〇一三年仲秋於中壢

目錄

盧森堡

荷蘭

比利時

英國倫敦

倫敦近郊

Edinburgh

法國

詩情畫意的巴黎塞納河畔。

旅法札記

六月廿九日（三）

◇ 深夜直飛法國巴黎，夢裡摻著對旅途的未知與焦慮，行程還在作最後盤點。

六月三十日（四）

◇ 天明如期抵法，例行的通關與提行李，按計畫購買Paris Museum Pass 4日券、戴高樂機場往巴黎車票一份、Carnet tickets巴黎地鐵卷30張，並順利在巴黎北站覓得下榻的飯店。

◇ 左岸行程：午時搭地鐵到巴黎聖母院和奧賽美術館，沿塞納河欣賞亞歷山大橋、羅丹美術館、榮譽軍人院、戰神公園、艾菲爾鐵塔（亦稱為「巴黎鐵塔」）。

◇ 隨筆：太陽在巴黎也慢活，21點才在鐵塔上看見夕陽，22點的夜幕中，方顯鐵塔的霓虹輪廓，23點終於回到飯店，因時差而眼睏、因登塔而腿疲，但幸福滿載。

七月一日（五）

◇ 晨起，疲態未消，惺忪中煮熱水泡咖啡，電湯匙是我們的炊事利器。

◇ 右岸行程：上午搭地鐵到羅浮宮，午後參觀蒙馬特高地的聖心堂，傍晚以凱旋門為起點，散步香榭麗舍大道。

◇ 隨筆：羅浮宮珍藝賞不盡，只怨自己才疏學淺，多半走馬看花。

七月二日（六）

◇ 在里昂車站花了些時間詢問服務人員，終於購得正確車票，前往楓丹白露（Fontainebleau）。

◇ 楓丹白露行程：上午遠赴楓丹白露宮參觀，下午回巴黎至龐畢度美術中心遊覽，黃昏時刻，滿心期待到瘋馬秀看表演，卻因秀場的儀器故障，演出中止，我們只好臨時更動行程，改搭船遊塞納河。

◇ 隨筆：夕照塞納河，巴黎居民在河畔把握最後的餘暉，或盤腿冥思、或席地野餐、或即興載歌載舞，共組一幅既浪漫又生動的法式風情畫。

七月三日（日）

◇ 特地購買1～4區地鐵一日券，造訪凡爾賽宮（Château de Versailles），也順道參觀第四區。

◇ 凡爾賽宮行程：早上搭列車前往郊區的凡爾賽宮，回程陸續到第四區的皇陵聖丹尼斯教堂和拉德芳斯凱旋門（俗稱「新凱旋門」），晚上到瘋馬秀補昨夜之憾。

◇ 隨筆：夢裡，凡爾賽宮的華麗，令人目眩神馳，而瘋馬秀的法式情挑，更教人意亂情迷。

七月四日（一）

◇ 巴黎套裝行程中的插曲——盧森堡小旅行。

◇ 盧森堡行程：晨起，搭乘TGV高鐵飛馳盧森堡一日遊，傍晚回巴黎，在紅磨坊前留影，精準地用畢最後一張地鐵票。

◇ 隨筆：夜宿巴黎的最後一晚，深嘆留在巴黎的時間，實在太短。

2011.7.3 凡爾賽宮後花園

巴黎地鐵初體驗

第一次搭法國地鐵時，我們相當納悶，法國地鐵柵門為什麼作的比人高，甚至過票後還要再推一下檔門，非得經過層層銅牆鐵壁才能出關？

沒想到，一旁的法國人馬上給了我們答案。入口處，法國青年趁著前面乘客插入票卡的同時，使出「乾坤大挪移」緊跟在後，大剌剌地通過柵門「逃票」。另一位「輕功」了得，閘口前撐手跳躍，外加一記「大力金剛腳」，臉不紅又氣不喘地闖關成功。一旁還有高深莫測的「縮骨功」神人，從旋轉門底隙滑行而去。

法國人對這群逃票的「大內高手」見怪不怪，刷票口也不曾看見任何一位站務人員盯哨，果真是崇尚「自由」的法國人。

▎門擋再多，也擋不住逃票高手的「飛天遁地」。

▎法國地鐵已有百年歷史，許多設施都相當「復古」。

法國人逃票的怪招，已讓我們大呼不可思議，不意，當我們前腳才剛踏進月台，眼前的景象，再次令我們目瞪口呆，「好一個老舊的巴黎地鐵啊!?」我們心中吶喊著。

和我們台灣捷運相比，台灣捷運有冷氣，巴黎地鐵只有自然風。台灣捷運以電扶梯代步，巴黎地鐵都要走樓梯。台灣捷運有自動門，巴黎地鐵要自己拉桿開門。

雖然巴黎地鐵相當「復古」，但並不難搭，路線標示都相當清楚，每一站也都有斗大的法文標誌，告知旅客所在的位置。搭久了，還別有一番懷舊滋味，是為巴黎特有的復古風情。

巴黎地鐵算得上是人瑞級的交通建設了，自一九〇〇年興建第一條地鐵以來，算起來已經有一百一十年的歷史，若要大幅地整體翻修，不但工程浩大，還可能破壞「古蹟」，不得已的情況下，也只能將就使用了。

我們最無法接受的，其實是巴黎地鐵的髒亂。試想，法國人出入地鐵都能如此「自由」，難道還會對地鐵環境愛護有加?在法國，不管是地鐵的月台或列車，常見混亂的塗鴉，以及滿地紛飛的垃圾，加上公廁的缺乏，有些沒公德心的人還會隨處便溺，月台上常飄散著陣陣作噁的尿騷味，讓候車成為一種活受罪。

好不容易憋氣衝出了地鐵，法國巴黎的市容又讓人無比醉心，我們只能說，法國的天堂與地獄，只在一「地」之隔。

勇登巴黎鐵塔

巴黎左岸最著名的地標，非艾菲爾鐵塔莫屬。那是巴黎一八八九年為迎接世界博覽會所興建的世界第一高塔，可是在動工時卻飽受輿論抨擊，因為當時的人們無法忍受巴黎古典市容的天際線上，竟出現一座冰冷灰暗的鋼鐵巨塔，不但與城市格格不入，更被斥為「巴黎恥辱」。

批評艾菲爾鐵塔最力的作家莫泊桑，在鐵塔完工後，不得不到塔上餐廳用餐，雖然他不喜歡那裡的菜餚，但是他說：「這裡是全巴黎唯一看不見艾菲爾鐵塔的地方」聞之，令人莞爾。

如今事過境遷，巴黎鐵塔漸被巴黎人所接納，更重要的是，它為巴黎帶來源源不絕的觀光收入，每年平均有六百萬觀光客造訪，排隊上塔頂的人更絡繹不絕。

宏偉的巴黎鐵塔是法國的象徵。

鐵塔下排隊搭電梯的人龍是有增無減。

從巴黎鐵塔俯瞰巴黎，塞納河兩岸的美景盡收眼底。

我倆難得來到巴黎鐵塔，當然不願放棄登塔的機會，但買票坐電梯上塔的人龍連綿不絕，一圈又一圈，行進速度又慢，可能排到天黑都輪不到我們。

我們唯一的選擇，只剩下「爬階梯」一途。

爬階梯上塔的隊伍最短、票價也最便宜，看似簡單，但走起來卻無比艱辛。艾菲爾鐵塔高三百二十餘尺，爬到第一層瞭望台，雖然只有五十七公尺高，卻有三百二十八個階梯，腿已經「鐵」了一半，再爬三百多階梯到達一百一十五公尺高的第二瞭望台，整個人幾乎是癱了。

第二瞭望台是階梯的終點，要上最後的第三層平台，只能購買昂貴的電梯票上去。我們抬頭仰望，距塔頂就差三分之一，一輩子恐怕也只來這一次，豈能帶著遺憾離去？心一橫，卡一刷，更上一層樓。

這一搏，我們多少摻著疑慮，然而，就在電梯開門的瞬間，一切都值回票價了。

從巴黎鐵塔頂端俯瞰巴黎市，美景盡收眼底，錯落的矮房舍齊平，外觀亮白一致，道路筆直交錯，還有蓊鬱的綠樹縱橫。沒有一絲都市叢林的崢嶸，只有古都的陳年雋永。當我們還在慢賞眼前景緻，從天際灑落的餘暉金光，更為潔白的巴黎換上璀璨的金縷衣，化作金都，耀眼奪目。

巴黎之美，多少人為之傾拜，就連我們也是其俘虜，但是巴黎非成於一夕，而是經過歷史歲月之積累、時代浪濤的洗滌。

翻開巴黎城市的歷史，早期的巴黎汙穢又雜亂，不但道路狹窄曲折，房屋亦是錯落無章，密密麻麻地塞滿整個巴黎。一旦革命分子揭竿叛亂，蜿蜒的巷弄自成為暴民進行躲藏與奇襲的有利地勢。或是在居高臨下的屋頂上，向下擲椅拋石，擾亂軍隊的行進；或是在仄狹的路口堆起層層桌椅和木桶，形成易守難攻的民防要塞。二者都能挫敗皇家軍隊，力抗皇軍精良的武裝，到頭來，鹿死誰手都未可知。

面對不斷重演的暴動與鎮壓，稱帝後的法王拿破崙三世決心汲取教訓，於一八五九年大刀闊斧地推動巴黎改造計畫，大規模進行市容整頓，將街道擴寬截直，開闢林蔭大道，拆除舊城牆與貧民窟，建環城道路與公共建設，並限制建築的高度。藉著法王至高無上的權威，拿破崙三世果斷地切除了巴黎經年累月的蘚苔與惡瘤，為巴黎換上耳目一新的容顏，奠定了現今巴黎市容的樣貌。然而，巴黎之所以為巴黎，還有著無形的「機運」。

二戰期間，法國和英國同樣遭受德軍的侵襲，但二國的際遇卻大不同。英國誓死抗德，深獲世人的敬重，只是倫敦城在納粹敵機的猛烈轟炸下，許多老城古蹟就此灰飛煙滅，過往的風華淪為絕響。相反地，法國和德軍交戰不到二個月就向德軍俯首稱臣，懦弱的行徑為當時所不齒，但法國強忍辱名選擇無血開城，反倒讓巴黎逃過二戰戰火的摧殘，替後世留下無與倫比的古城遺產，又有誰忍心以成敗論英雄？

此際，站在塔頂，環視巴黎，也遙望倫敦，兩城雖然只隔著英吉利海峽互望，卻在歷史的偶然下，有著一存一滅的天壤際遇，就連後世的評價也天差地遠，真可謂是造物弄「城」啊！

瘋馬夜未眠

巴黎的夏夜，總是姍姍來遲，待到晚上十點才現夜色，但巴黎的夜晚並不寂寞，在蔓延燈火的照映下，巴黎仿若襲上熠熠金箔，在夜空襯托下，展現另一番迷人的手采。

幾次夜遊巴黎下來，我們一致認為巴黎夜景不適合臨空縱覽，這樣品味不出巴黎夜色之細緻，至於徒步漫遊也許是個好選項，但只限於將在此久留的閒暇旅客，像我們這種短暫停留的過客，最經濟實惠的方法，倒是趁著餘暉未盡，乘著觀光船，夜遊塞納河。

夜晚塞納河比白天更迷人。原是塞納河兩旁冷若冰霜的石砌古宅，在夜燈的挑逗下，褪去了矜持，展現了少女的嫵媚；橫跨兩岸的肅穆石墩，亦在華燈的柔情蜜意下，卸下了心防，露出難得的笑靨；而鑲在巴黎鐵塔上的金色霓虹，更為單調的鐵塔，勾勒出繽紛的輪廓。

整個城市就在夜空的襯托下，無處不閃爍著炫目光芒，無處不叫人驚嘆，無處不令人忘返。

別以為巴黎的夜晚只有靜態的夜景可賞，巴黎其實還有五光十射的絢麗上空秀，不容錯過。

「食色性也」自古來由，但法國的上空秀卻不淪為粗俗鄙穢，法國人將裸體從人之大慾，昇華為藝術之美，將裸露上身的妙齡女郎，結合音樂、舞蹈與韻律元素，集美學之大全，塑造出獨樹一格的上空裸秀。

目前最著名的三大上空秀場，分別為紅磨坊、麗都秀和瘋馬秀。前二者講究的是極度奢華絢爛的歌舞排場，花枝招展的上空女郎彼此爭奇鬥艷，配合輕快活潑的舞曲，展現誘人的舞姿，而串場的馬戲雜耍與魔術表演亦是神乎其技，舉手投足間都令人嘖嘖稱奇，全程就在歌舞之動與魔技之妙間，毫無冷場。

至於後者瘋馬秀，表演形式迥異於前二者，捨棄譁眾取寵的華麗歌舞，讓上空秀回歸自然的裸體之美，表演者僅穿似有若無的丁字褲，在光影的投射與音效的搭配下，展現女體的曼妙與婀娜。

巴黎的夜晚嫵媚動人。

一般初訪巴黎的旅客，多傾向欣賞名氣較大的紅磨坊，若訂不到位，才退而求其次，選擇麗都的上空歌舞。然而，對我們而言，瘋馬秀雖然沒有豪華的排場，票價也比較昂貴，但獨出心裁的表演型態，是它逾半世紀而不衰的原因，就連美國前總統柯林頓訪問法國時，也都指名要欣賞瘋馬秀，我們又豈有錯過之理。

瘋馬秀位在香榭麗舍大道的街弄內，外觀與一般民宅無異，並沒有特別明顯的招牌與標示，就連舞台也設在地下室，只有接近表演時間，門口才會看到盛裝打扮的觀眾，大排長龍等待入場，彷若出席一場藝術盛宴，反倒我們一身輕裝便服，格格不入。

我們的瘋馬秀初體驗並不順遂，節目才進行到第二幕，就因為秀場投影設備故障，最後取消整晚的演出，我們也只能摸摸鼻子自認倒楣。

次夜，我們再次入場，秀場人員一看到我們拿的是昨晚臨時取消的票根，基於補償心理，特地幫我們座位升等，從原先的邊陲座位，一下子調到舞台最前

▍瘋馬秀位在香榭麗舍大道的巷內，內斂的外觀，與其名氣成反比。

▍瘋馬秀的巡迴表演海報，女舞者丰姿撩人。

方，還附上免費招待的香檳，讓我們盡情地飲酒賞秀，真是「塞翁失馬，焉知非福」。

瘋馬秀作為全球上空秀翹楚，精挑細選過的專業舞者，除了要圓乳翹臀，更要具備柔軟的舞蹈身段和穩定的節奏感，才能精確地與投射出來的光影融合，讓裸更具動感與美感，臻至藝術境界。

瘋馬秀的開幕秀是經典的「God Save Our Bareskin」，舞者們各個身穿特製的上空軍戎，在等距的投影橫線上，展現一致的身高、平切的肩線、勻稱的俏乳和等齊的腿長，就像是同一條生產線上模印出來的芭比娃娃，毫無二異。縱然女舞者們的上空都一覽無遺，但穠纖合度的曼妙身材，幾近維納斯再世，一點都不會讓人萌生淫邪之念。

嗣後的鋼管舞、大腿舞、繩縛秀和脫衣表演，完全顛覆我們認知上——外放、豪爽又嗆辣的台灣電子花車女郎，在「俗擱有力」的霓虹野台上，載歌載舞，炒熱氣氛。瘋馬秀展現的是隱晦、嫵媚與挑逗，以極致性感的撩人舞姿，不停地魅惑觀眾感官，卻又情而不色、淫而不穢、裸而不俗，每一次的幕起，都是一場藝術的饗宴，每一段的幕落，盡是滿堂的喝采、如雷的掌聲，全場不絕於耳。

我們的座位距舞台不過咫尺，舞者的舞動跳躍、投影的光影幻化、環繞的震撼音效，每分每秒都令人目不暇接，散場後依然餘音繚繞，整場下來只有「精采」二字。

如此夜巴黎，有夜景饗宴，又有美人悅目，如何不令人陶醉？

「爛慢」法國人

世人眼中，法國人的天性既自由又隨性，所以談起愛來是「浪漫」，做起事來是「爛慢」，叫人不敢恭維。孰料，我們欣賞瘋馬秀的首夜，就意外見識到傳聞中的法式效率。

雖說，瘋馬秀是全球知名的上空舞秀，我們的門票也在表演前二週預購完成，可是當我們蒞臨現場，不但要再憑網購證明到櫃檯兌換正式門票，拿到票後還要依序等待服務生引領入座。偏偏侍者又只有二、三位，一路排往地下室看秀的隊伍，滿溢到門口，枯等了二、三十分鐘才輪到我們，等到我們都心煩焦躁，服務生依舊是慢條斯里。

好不容易入了座，我們好奇地詢問桌上的香檳是否免費，糊塗的服務生也沒確認我們的門票是否有包含香檳，就直接為我們開瓶酌酒。

▍法國人悠閒的午後野餐。

待表演都快上演了，才有另一位服務生察覺有誤，咄咄逼問是否是自己開瓶的，我們雖然有口，卻不會說法語，窘得支支吾吾，好在隔桌的法國情侶熱心出「語」解救，轉述他們看到的真相，才還我們清白。

至於那位糊塗的服務生，後來連忙跑來說抱歉，收回了誤開的香檳，徒留下一臉尷尬與錯愕的我們。

離譜還在後頭，表演才進行不久，瘋馬秀的投影播放器竟然無預警地故障，偌大的秀場連一台可供備用的機組都沒有，只好臨時宣佈取消演出。

失落的觀眾一窩峰擠在秀場櫃台準備退換票，偏偏只有一名資深的櫃檯小姐可為大家效勞，其他服務人員就像看好戲般，杵在一旁當花瓶，任憑大家怨聲載道，也只能漫漫的等待。

誰叫這裡是「法國」呢？

等待強人

現今的歐洲，皇室仍是多數國家延續的傳統，但法國例外。

法國歷史上雖然不乏君王專政，但法國人崇尚的，並不是君王血脈之純正，而是在位者為強人與否？是否能引領國家開創恢弘霸業。

好比路易十四者，力行中央集權，自詡「朕即國家」，大權在握，生活揮霍、起居奢侈，甚至時常壓榨人民，但他雄才大略，強大了法國的政治、軍事、經濟和文化等實力，對內帶來國家秩序，對外創造法蘭西的偉大，將法國推上歐洲霸主地位，讓國民以法國為榮，死後依舊受人推崇，享「太陽王」之美譽。

反觀，當統治者懦弱無能，卻又罔顧民意、一意孤行，只圖己私，未謀國民福祉，法國人民則會毫不留情地反抗王權，拋頭顱灑熱血在所不惜。因此，就算流著路易十四正統血脈的路易十六，當他一昧奢華狂歡，強徵賦稅，無視人民早已三餐不繼，瀕臨飢荒邊緣時，法國人民可以毅然地揭竿暴動，無情地將法王路易十六送上了斷頭台。

不過，帝王的傳統並未因一七八九年的法國大革命而一刀兩斷，法國的政局依舊在民主共和與君王復辟之間擺盪，等待下一個強人的降臨，再次帶領法國重返榮耀。

那是渾沌的亂世，也是風起雲湧的機運。二十出頭的拿破崙就抓準了這個契機，憑著卓越的軍事長才，寫下他精彩絕倫的前半生，從執政、稱帝、到建立法蘭西第一帝國，拿破崙再一次讓法國重返強國之列，為法國人找回了昔日的榮耀，就算他不是皇家或貴族的後裔，稱帝後依然深受人民愛戴。

只是，陡升的人生巔峰，一旦不經心，面臨的就是墜地的粉身碎骨。過度驕矜的拿破崙大帝，不但在俄國遠征中嘗到苦果，之後的滑鐵盧戰役又再次折翼，最後被流放孤島，抑鬱而終。

每天到凡爾賽宮重溫太陽王餘暉的遊客如織。

拿破崙的靈柩，至今仍安置在榮譽軍人院內，受人瞻仰。

一八一五年拿破崙逝世，波旁王朝的路易後裔趁機復辟。歷史上要再見到拿破崙的名號，已是三十三年後的事了。

一八四八年拿破崙的姪子——拿破崙三世——頂著拿破崙的名號，在法國人民崇拜強人的情愫下，不但壓倒性地當選為第二共和的總統，就連三年後的政變稱帝也沒受到太大的阻撓，順利開啟法蘭西第二帝國的新頁。

豈料，一代不及一代，何況他還是姪輩關係的「三世」。只怨法國人的大夢醒得遲，直到一八七〇年的普法戰爭，人民才發現拿破崙三世是假「拿破崙」之名行虎威，理應在凱旋門前受人民歌頌歡呼的法軍，竟然在普法戰爭中慘敗，而且是輸給剛崛起的普魯士王國（現今的德國），就連御駕親征的拿破崙三世也淪為階下囚，喪盡了法國人的尊顏，第二帝國就此崩解。

拿破崙三世的末路，比路易十六好，得免於殺頭死罪，只是流亡倫敦。但隨著第二帝國的殞落，「君王」一詞也成為絕響，法國往後的領導人全由人民投票決定，過往的帝制不復存在。

今日還保有法王餘溫的，僅剩下昔日的宮闕，法國人雖眷戀，但不耽溺，因為他們企盼的不是新的皇帝，而是下一位引領盛世的強人。

法國人的羅馬情結

懷舊是天性，是對現實無法滿足的投射，希冀重現過往的美好，但世上大概很難找到第二人，會比法國人還戀舊。

從飛機緩緩降落法國巴黎機場起，耳畔響起的「戴高樂」機場之名，就是法國人對這位二戰時期的偉大將軍之緬懷。

塞納河左岸，榮譽軍人院的金碧圓頂教堂，是法國人不捨拿破崙遺體流落聖赫勒拿島，不忍一代英雄在異鄉不得安息，特地移柩於此，供人追思。

右岸的協和廣場，曾是憤怒的法國人民將路易十六、瑪莉皇后、以及一千三百多位貴族等斬首的刑場，而今事過境遷，法國人民仍忘不了波旁王朝的光輝燦爛，七月仍要在凡爾賽花園再續世紀夜宴，重現法王路易十四的帝王尊榮。

羅浮宮前，精巧的「卡魯索凱旋門」，又被稱為「小凱旋門」。

法國著名的巴黎凱旋門，聳立於香榭麗舍大道的西端。

作為辦公大樓的「拉德芳斯凱旋門」，是近年來興建完成的「新凱旋門」。

甚者，就算是年代遙遠的古羅馬帝國，亦是法國人的孺慕對象古羅馬人稱現今的法國地區為「高盧」，為了統治該區，凱薩耗時了八年的歲月。如今，「古羅馬帝國」已成歷史上的專有名詞，但羅馬對法國文化的影響，卻依然處處可見。

古羅馬帝國為了有效進行疆域控管，遂以羅馬為起點，設置大道連接各大城市，大道寬度足以讓兩輛馬車並行疾馳，擦身相向而不相撞，形成「條條大路通羅馬」的奇景。

今日，法國巴黎以凱旋門為軸心，輻射出來的十二條大街，不啻是羅馬大道的翻版。又法國地圖上狀似蜘蛛網的法國鐵道，其實也是以首都巴黎為核心來連結法國各大城鎮，堪稱是「條條鐵路通巴黎」。

別以為這是法國人耽溺古羅馬文化的個案。站在右岸香榭麗舍大道的歷史軸線上，象徵古羅馬勝利歸國的「凱旋門」，竟也一而再、再而三地成為法國地標，就連規模也是逐次恢弘。

羅浮宮前，精巧的卡魯索凱旋門，是拿破崙將原杜麗宮入口加以改造的小品，巴黎凱旋門才是他真正用來紀念一八〇五年戰勝俄奧聯軍的大作，可惜工程未完成，拿破崙就被推翻了，終其一生未能從凱旋門下走過。反倒是後世的法國總統雲恩受惠，每年七月十四日的法國國慶日，法國總統例行性穿越凱旋門，接受支持群眾的夾道歡迎，坐享拿破崙無緣嘗到的凱旋滋味。

將巴黎凱旋門的軸線往前延伸，位在西側末端的二十世紀新凱旋門——拉德芳斯凱旋門——是當代法國人對凱旋門的新詮釋。

一九八二年，密特朗總統大刀闊斧地進行拉德芳斯造鎮計畫，為的是在這郊區，以新凱旋門為中心，打造新的巴黎都會區。遺憾地，巴黎人的生活不能沒有浪漫塞納河，法國人對歷史老城的醇厚與細膩，情有獨鍾，住不慣有如暴發戶式的高樓大廈。新凱旋門最後只留下旅客的讚嘆，留不住懷舊的法國人。

走近新凱旋門，才發現它雖有門型，卻無門之實，盡是玻璃帷幕構成的龐然商辦，高達一百一十公尺、寬一百零八公尺、深一百一十二公尺，足足是巴黎凱旋門的二倍大，無比壯觀。有趣的是，不知是法國人的巧思、還是戲謔，據說三個凱旋門若放在一塊，還能像俄羅斯娃娃般層疊收納，實在發人想像。

法國人對於古羅馬的緬懷，似乎是不捨在這片土地上曾經有過的輝煌文明，矢言不再走回幽暗的中古世紀陰霾。

法國人的戀舊，可見一斑。

法國的三大藝術殿堂

巴黎的美，不只在於塞納河左右兩岸的雅緻格局，更在於巴黎所坐擁的人文藝術資產，於羅浮宮、奧賽美術館和龐畢度中心等地，典藏著從古典、現代到當代的藝術瑰寶，造就巴黎的「美」名。

羅浮宮之經典

羅浮宮的珍藝，因累世而得以輝煌。

宮內的藝術珍品，早期僅屬於法國王室的個人收藏，直到法國大革命後，才全數收歸國有，安置於羅浮宮內，開放民眾參觀。羅浮宮的空間利用，也從昔日的王宮、學校、政府機關等，成為現下的博物館。

拿破崙稱霸歐陸期間，羅浮宮更名為拿破崙博物館，專門收藏法國從各地掠奪而來的戰利品，急速擴充了羅浮宮的典藏，為羅浮宮館藏最豐富的時期。後來拿破崙被迫退位，多數古物被原屬國索回，但往後百年間，羅浮宮依舊致力於稀世珍寶的保藏，持續擴充宮內的收藏，終成就現今的恢弘規模。

羅浮宮可分為三區：德農館、敘利館、黎塞留館等，共組成「ㄈ」型的建築群，三者各有千秋，聚而成大器。

每年造訪人次最多的德農館，堪稱羅浮宮的天下第一館，不但擁有鎮館之二寶：勝利女神像和蒙娜麗莎的微笑，還收藏了諸多大幅鉅作，好比世人熟悉的拿破崙一世加冕圖，都可在該館欣賞得到。

敘利館是鎮館第三寶——斷臂維納斯雕像之所在，兼之館藏眾多古埃及與古希臘文物，好比拉美西斯二世雕像與埃及木乃伊等，到此一遊的遊客亦是川流不息。

較冷門的館區應屬黎塞留館，除了知名的漢摩拉比法典石碑，以及館內保留的拿破崙三世套房外，其餘藏品多缺乏高知名度，鮮少人造訪，是唯一能感受到博物館該有的靜謐與神聖之處。

▍羅浮宮廣場上的玻璃金字塔，是知名建築師——貝聿銘的傑作。

雖說羅浮宮舉世聞名，可是它卻也是世上最容易令旅客迷路的博物館。畢竟，羅浮宮構建之初，原作宮殿之用，現在改為博物館，不免存在先天上的限制，好比參觀入口過小、內部動線繁雜、各館間連通不易等問題。

一九八九年，法國密特朗總統親自委託貝律銘建築師為羅浮宮進行擴建與改善，歷經十餘年，貝律銘在羅浮宮內庭加設玻璃金字塔入口，下樓便可進入連通三館的地下平台，並與地鐵站相銜接，方便參觀人潮的進出，一勞永逸地解決博物館入口太小和各館不相連的問題。

我們實際走訪的體驗，從地鐵站進入羅浮宮地下平台相當簡單，且館內對於鎮館三寶的標示十分清楚，不然跟在任一旅行團的領隊小旗後面便是。

然而，在其他館藏方面，沿途雖然增設了許多指標和駐點人員，方便旅客辨位和諮詢，但博物館展間繁雜，樓層又上下交會，迷宮究竟是迷宮，只是難度降低了些。尤其當我們想橫跨到另一分館時，繞了一大圈，才發現中間的展間正在整修，阻斷了去路，到頭來還是得老老實實下到地下平台，從分館的正門進入。

人稱羅浮宮如浩海，是謂館藏，也道盡參觀路線上的撲朔迷離，任誰想全身而退，除了靠地圖，也要靠地下平台，否則羅浮宮之旅將是一場以你為名的「奇幻漂流」。

羅浮宮三寶

羅浮宮每年遊客之多，高居世界之首，無人能出其右，其收藏的鎮館三寶：勝利女神像、斷臂維納斯、蒙娜麗莎的微笑，無人不知、無人不曉，舉凡這三件藝術品的周圍，無時無刻都圍繞著一圈又一圈的朝聖人群，瘋狂地爭先卡位，就是為了和世界公認的「美女」合影留念。

古希臘時期所留下來的藝術珍品本來就不多，像勝利女神像和斷臂維納斯屬於古希臘人體藝術的傑作，又是當中少之又少的珍品。雖然這兩尊石像都已殘缺，勝利女神只剩軀幹，維納斯早失去雙臂，人們依舊能從雕塑的線條與紋理，品味古希臘人出神入化的雕刻造詣。

勝利女神雕像推測是古希臘為紀念羅德島海軍戰役勝利而作的，雕刻家塑造出女神穩健站立船首的英姿，以衣衫皺褶表現出海風吹拂的動感，以薄衫貼身來展現被浪濤打濕的衣裳，整個雕像雖然是由厚重的大理石所製成，但卻毫無一絲沉重感，反而讓人感到格外的輕盈靈巧。

維納斯雕像被譽為最美的人體雕刻，眉宇之間流露出女神清高脫俗的靈氣，身軀完美的黃金比例，蘊含著古希臘人崇尚健體的審美觀。流傳至今，雖然維納斯的雙臂闕如，但遺留的空缺，卻平添世人對女神姿態之遐想，稱得上是另類的缺陷美學。

羅浮宮鎮館三寶中，唯獨達文西的「蒙娜麗莎的微笑」是平面畫作，但歷年來對於「蒙娜麗莎的微笑」之評論、研究、謠言和惡搞等，多如牛毛，肇因那神祕的一抹微笑，留予後世太多的想像。尤其，近年來「達文西密碼」一書所吹起的密碼旋風，更讓許多人賞畫之餘，也熱衷尋找畫中可能蘊含的神秘寓意，至於該畫作在西方歷史上的真正意涵，卻經常被忽略。

羅浮宮的「維納斯女神像」，殘缺的雙臂引人遐思。

羅浮宮的「勝利女神像」，顯目地佇立在台階上。

羅浮宮的「蒙娜麗莎的微笑」，令遊客癡狂。

究其實，「蒙娜麗莎的微笑」代表歐洲在歷經漫長的黑暗中古世紀後，終於再見曙光，進入文藝復興，重返希臘時期所追求的人本，不再一味獨尊基督宗教，從神性走回人性。因此，達文西「蒙娜麗莎的微笑」正揭櫫歐洲人文藝術的再生與再啟，宣告全新的藝術、文學、科學、歷史等的開始，屬於劃時代的指標，也正是它流傳千古而不墜的原因。

我們想像中的「蒙娜麗莎的微笑」是「巨」作，至少應該也要有等比半身大小，怎知，當我們真正和「她」見面，才發現畫作長不過七十七公分、寬五十三公分，其實就是對開圖畫紙大小，若再扣除背景山水畫所佔的空間，蒙娜麗莎的人像其實比我們想像中還要小。

然而，這無損於它的價值，頂著文藝復興三巨頭之一的達文西之光環，「蒙娜麗莎的微笑」在館內享有得天獨厚的禮遇。展間偌大的白牆上，就只有她唯一一幅半生肖像，外層還覆以透明玻璃，周圍又隔著雙層護欄，並派駐二位館員看哨，全天候總統級的禮遇。

為了一睹她的風采，我們必須擠進層層人牆，不斷重複地卡位與突圍，好不容易才抵達最前線，畫作似乎伸手可及，還來不及細看，機會已稍縱即逝，後繼蜂擁的人潮如浪濤，不斷將我們淘盡，才剛與蒙娜麗莎相識微笑，她也正目送著我們漸次離去，終又淹沒在茫茫人海中。

奧賽美術館之風華

參觀羅浮宮彷若一場馬拉松競足，除了博物館本身佔地廣、參觀人潮眾多外，館內每件藝術品都讓人流連忘返，一整天下來，雙腿不但發麻，兩眼還因此佈滿血絲，全身幾乎是虛脫殆盡。相形之下，位於左岸的奧賽美術館，反而輕鬆自在，欣賞各藝品如同入園賞花般，較能保有優閒的步調。

對於奧賽美術館的收藏，台灣人應不陌生，之前才來台灣展覽過的米勒「晚禱」與「拾穗」就是該館的收藏，另外還有許多大家熟稔的印象派畫家真跡，如梵谷的自畫像、竇加的首席巴黎舞者、雷諾瓦煎餅磨坊的舞會等，都是膾炙人口的作品。

除了藏品，奧賽美術館的建築本身亦有可觀。該館的前身是法國為一九三七年世界博覽會所興建的輕軌車站，負責運送遊客到各展覽中心，二戰爆發後，車站被關閉停用。但車站新古典主義式的建築外觀，以及屋簷隨處可見的雕刻裝飾，始終為後人所珍惜。

八〇年代初，法國政府決定活化車站，內部改裝為一美術館，將分散各博物館的十九世紀末到二十世紀初之寫實主義、印象派、後印象派等藝術作品，全部集中至奧賽展出，自西元一九八六年落成以來，奧賽美術館已是世上舉足輕重的現代藝術重鎮。

直而言，雖然台灣不時與他國美術館合作，舉辦現代藝術的展覽，但與其乾等名畫漂洋過海，不如親自走一趟奧賽美術館，一口氣縱覽印象派前後期的所有名作，更能有系統看見其流變。

由車站改建而成的奧賽美術館，收藏十九世紀末到二十世紀初的寫實主義、印象派和後印象派等藝術作品。

龐畢度中心之當代

若將法國三大藝術殿堂置於藝術史的時間軸上，羅浮宮屬於前端的古典藝術聖殿，龐畢度國家藝術和文化中心（簡稱龐畢度中心）則是末端的當代藝術禮堂，不管是在藝術類型的收藏、建築的外觀、或對人類的啟發，都與羅浮宮迥然不同。

龐畢度中心是法國二戰後所興建的現代藝術文化中心，以倡議興建的龐畢度總統為名，自一九七七年完工後，中心專司現代藝術領域，含括立體派、抽象派、超現實主義派等，作品往往顛覆人們對藝術的理解，時常讓人感到詫異、突兀、驚奇與荒謬。

若說羅浮宮的畫作是時代沉澱後的雋永與雅緻，那龐畢度中心的藝品，則是瞬間的衝突與矛盾，迫使人們重新對藝術下定義，不少藝術家的創作內容，不過是在畫板畫上數條交錯的彩線，或是不斷複製名人頭像，或是將數個幾何圖案重疊排列，便稱之為「藝術」，高深玄妙，令人費解。

▍龐畢度中心的建築本身就是一件當代藝術作品。

龐畢度中心的當代藝術之獨特，就連博物館本身的建築結構也獨樹一格。龐畢度中心的建築設計，是從世界各地六百多件的競圖裡挑選出來的，整體結構完全打破傳統建築思維，為了能創造屋內巨大的活動空間，於是將原本藏在建築內部的鋼架、水管、電路、電扶梯等，全部曝露在屋外，以大小不一的塑膠管包覆，綠管為自來水、藍管是空調、黃管是電路線，至於電扶梯和消防設施則塗上紅色，試圖將龐畢度中心本身打造為高科技風格的當代藝術。

當我們從遠方望之，龐畢度中心的鋼構外貌，像極巴黎市中心的「彩色煉油廠」，雖然與周遭典雅的法式住宅格格不入，卻也顯示出龐畢度中心「藝」不驚人死不休，勇於向傳統挑戰的叛逆。

法國大餐之「貴」

一提到「法式料理」，人們腦海中自然浮現著富麗堂皇的高級餐廳、眼前是一道道精緻典雅的頂級料理、嘴裡喝的是稀有年份的葡萄美酒、耳際飄揚的是服務生殷切的法語問候，畫面夢幻到不似凡間。

然而，甚少人知道，早期的「法式料理」欠缺典雅的飲食文化，料理多求溫飽，肉類與甜食混著吃，用餐仍以徒手進食，一直要到一五三三年，義大利佛羅倫斯的凱薩琳・德・梅迪奇嫁入法國王室，隨行的廚師將義大利的烹飪技術與餐飲文化帶進法國後，才真正豐富了法國料理的內涵。

十七世紀，法王路易十四對吃十分講究，不但在宮廷內樹立起頂級的飲食文化，更因法國是當時的歐洲霸主，法國料理的文化開始傳遍整個歐洲，「法國料理」

自此成為法國文化的表徵。但真正讓法國料理風靡全球，還要後來的「米其林指南」之推波助浪。

「米其林」原是法國的輪胎公司，其註冊商標正是由一圈圈輪胎推疊出來的純白米其林寶寶，其實與美食評鑑一點關係也沒有。但是一九〇〇年代初，歐洲的道路品質差，甚至沒有柏油路，輪胎因此容易受損，為了讓客戶迅速知道旅行途中有哪些修車場可維修，「米其林指南」因此孕育而生。後來乾脆加上一些好吃的餐廳介紹，以一至三星來標示餐廳的等級，演變至今，竟為世上最具權威的餐廳評分制度。

「米其林指南」的星級評分系統，採匿名評分制度，針對烹調技術、服務品質、餐廳裝潢等指標進行評分，一旦餐廳獲得三星的殊榮，不但能打響知名度，更能吸引許多饕客前來品膳，因此許多餐廳都以此為目標，在激烈的競爭當中，不斷創新法式料理，餐飲推陳出新，法式料理的美食名聲不脛而走，更讓法國成為全球知名的美食國度。

▍我們的法國大餐：（由左方順時針）法國麵包、鴨胸肉、法國蝸牛。

既然來到法國巴黎，不見識一下法式料理的魅力，似乎枉費此行，但我倆既非追求美食的饕客，又不是口袋極深的有錢人，豈敢奢望米其林三星級的法式餐廳？反倒是樸實又道地的庶民餐館，平價卻又能品嚐到法式風味，最適合我們。

造訪旅遊書上推薦的平價餐館，半開放的空間裡，當地的上班族就坐在露天餐桌，邊曬太陽、邊用餐。館內部沒有鋪張的裝潢，卻有親切的服務生，隨時為客人服務。

我們庶民級的法式餐點，沒有繁複的法式套餐程序：先開胃濃湯、後冷盤、接著主菜配紅酒、並以精緻甜點作尾聲，只有二道主廚推薦的主菜：法式田螺和薯泥起司鴨胸肉。前者的蒜香肥蝸牛香Q彈牙，後者的鴨胸肉多汁肥嫩，量不多，但與之搭配的薯泥和法國麵包，卻又讓人飽足。

如此尋常小餐館的二道主菜，價格是巴黎當地公認的實惠價，但換算成台幣，六顆田螺新台幣三百元，鴨胸肉一客新台幣五百元，簡單的一盤法國美饌，竟與台灣高級餐廳一客套餐價相仿，法式佳餚果真昂貴。

坊間有此一說：就算歐洲人到巴黎品味美食，交通費與住宿費合計起來，也比不上一頓米其林法國大餐來的貴。即便如此，法國料理的價格依舊逐年上揚，驕傲的法國人就是相信，法式料理貴得合理，貴在烹調獨特性、貴在食材新鮮、貴在醬汁搭配協調，更貴在法國料理就是要在法國享用才對味。

順此理路，我們這一頓「價格不斐」的大餐，在法國人眼中，是貴在田螺喝巴黎塞納河水長大、鴨子是唱法國國歌茁壯、馬鈴薯是法國當地栽種，麵包是在浪漫巴黎製造，「貴」也是尊貴、珍貴、可貴、寶貴，而不昂貴。

盧森堡

風韻秀雅的盧森堡市容。

旅廬札記

七月四日（一）

◇ 旅法小插曲——盧森堡一日遊。

◇ 盧森堡行程：TGV高鐵從法國狂飆到盧森堡只需二小時，下車後，徐行至阿道夫橋、憲法廣場、聖母大教堂、貝克岩壁。午後，返巴黎作最後回眸。

◇ 隨筆：盧森堡市區之微妙，唯有信步觀光，才能深刻體會。

2011.7.4 阿道夫橋

盧森堡奔馳

盧森堡位在法國東北方，與荷蘭、比利時同屬於歐洲西北沿海的低地國家，自古以來，「荷比盧」的命運就互相牽繫，三國總是被一併討論。

我們起先的旅行計畫是從法國、荷蘭、比利時到英國，逆向繞行西歐一圈，唯獨盧森堡因為住宿與交通路線問題，並未列入我們的旅遊清單。然而，行程中既然有荷蘭和比利時，低地三國若獨缺盧森堡，就像是少了一塊關鍵拼圖，徒留遺憾。

應變之道，只好在法國巴黎多留一天，從巴黎搭乘法國TGV（Train à Grande Vitesse）高速鐵路當天往返盧森堡，既作城市觀光，也順便體驗一下最令法國人自豪的TGV之「快感」。

巴黎東站

從巴黎前往盧森堡必須在巴黎東站搭TGV，該站是法國與東鄰國家交通聯繫的樞紐，連通德國法蘭克福與慕尼黑、奧地利維也納、瑞士伯恩與蘇黎士、盧森堡等重要城市，每天往返的班次繁多，一年的旅客流量可達三千四百萬人次，相當可觀。

我們第一次在歐洲搭高鐵，面對陌生的環境，心底不免焦慮。

一方面，法國車站和台灣車站的設計迥然有別，TGV並沒有像台灣高鐵有專屬的月台和進出口，而是採開放式的月台，必須到現場查看班次，才能知道列車停靠的月台，因此我們看時刻表看得特別小心，擔心一個恍神，就此與盧森堡無緣。

另方面，巴黎車站都有「打票」的習慣，即使我們前往盧森堡的車票都已經印了出發與抵達時間，甚至連第幾車廂與幾號座位都列出來了，但是，只要你上車前沒再以打票機打印乘車日期，一旦被查票員查到就是逃票，加倍罰款。

在巴黎搭TGV高鐵一定要自行打票，印上乘車日期，否則視同逃票。

懷著戒慎恐懼的心情，上車前我們不但再三確認月台，票還硬是打了二次，總算成功抵達盧森堡。可是，回程在盧森堡車站，雖然找到了月台，但就是找不到任何一台打票機，眼看發車的時間一分一秒在流逝，我們是越來越慌張。

情急之下，我們緊纏著路人不放，比手畫腳，定是要問到打票機的蹤跡。對方看我們焦慮的神情，似乎覺得好笑，不慌不忙地向我們搖手說不必。原來從巴黎出發的高鐵車票才要打票，荷比盧出發的高鐵只要上車後給查票員看過即可。

我們不得不說，各國的車站規定，真是天差地遠。

TGV高鐵

法國TGV高鐵是在一九六〇年代才開始著手設計興造的，捨棄造價昂貴的磁浮式高鐵，堅持研發輪軌式的高鐵，雖然當時這項決定被許多人認為是跟不上潮流趨勢，但事實證明，磁浮列車成本高、票價貴、維修費驚人，和搭飛機的時間與票價差不多，反而輪軌式高鐵的速度與票價介於一般火車與飛機之間，市場區隔明確，大眾接受度高，終於讓法國TGV脫穎而出。

一九八一年，法國第一條往返巴黎與里昂間的高鐵東南線正式亮相，雖然比世界第一條高鐵——日本新幹線，還晚了十七年，但經多次測試與修改後的TGV，目前的營運速度卻可高達每小時三百二十公里，試驗速度更可高達每小時五百七十四公里，打破了日本新幹線的紀錄。

隨著法國TGV技術的日益精進，歐洲許多國家開始採用法國高鐵的相關技術，使得TGV營運系統成為歐洲地區的主流，如後來的歐洲之星（Eurostar）和大力士（Thalys）高鐵都可以說是TGV的家族成員之一。

法國TGV帶動歐洲各國以高鐵串連各重要城鎮，縮短了國與國之間的距離，也串聯起歐洲地區的高鐵生活圈。早上，人們可以在比利時布魯塞爾享用巧克力，中午繼續回到法國上班，晚上乘「歐洲之星」到倫敦欣賞音樂劇，睡前再悠悠哉哉地回到巴黎。

初登傳聞中的法國TGV，車廂內的座位四個一排，窗戶是大玻璃採光，車廂內與通道間均設大型行李鐵架，方便旅人放置行囊，完全為乘客著想，不若台灣高鐵逢年過節時，老是要為行李該放何處而苦惱。

軌道規格上，法國TGV的寬度與台灣高鐵一樣，都採標準軌（1435mm），時速也都平均三百公里，速度上理應與台灣高鐵差不多，但台灣高鐵路線短，停靠站又多，不免拖累了旅程時間，反倒是法國TGV，從巴黎到盧森堡的路途雖遠，卻只停二站，搭乘時，最能感受到高鐵的飆速快感。

二小時的車程中，靜謐的車廂內，不覺窗外景緻已被時間劃破，一幕幕四倍速快轉的模糊畫面，還來不及細看，耳際已響起「下一站是盧森堡」的廣播，虛幻不真，卻又萬確不訛——盧森堡已經到站。

TGV不愧是法國人的驕傲。

經濟小巨人

盧森堡小國寡民，總面積不過二千五百餘平方公里，與大台北區（台北市、新北市、基隆市）相當，可是人口竟只有五十多萬人，與大台北地區近七百萬人口相比，實在是小巫見大巫。

如此小國，地理上卻偏偏夾在德法兩大國之間，昔日經常受到大國的欺凌與侵占，甚至淪為附庸，皇室位階也比大國的皇帝低一階，僅能稱為「大公」。沿用至今，是歐洲僅存的大公國。

盧森堡的獨立建國之路，一直要到十九世紀後才成功。獨立後的盧森堡，深知國家腹地小，唯有透過跨國貿易才能維繫國家經濟命脈，所以在發展冶鐵與煉鋼產業之初，就常與鄰國進行商業聯盟，以降低關稅，促進貿易流通。

二戰後，荷蘭、比利時、盧森堡等三個君主立憲的國家，正式締結為「荷比盧經濟聯盟」，合稱為「Benelux」，也就是比利時（Belgium）、荷蘭（Netherlands）、盧森堡（Luxembourg）等國名的開頭字母之混合字，主張廢除關稅、追求自由貿易。此後，一九五七年更與西德、法國、義大利等共組歐洲共同體，為當今歐盟的前身。

盧森堡不斷與鄰近國家商業聯盟的策略相當成功，鋼鐵工業於一九〇〇年代初期已極具規模，爾後更將重心轉移至金融產業與通訊產業，合成為盧國的三大經濟支柱，各領風騷。

首先，世界第一大鋼鐵集團阿賽洛——米塔爾（Arcelor-Mittal），就是由印度米塔爾公司併購盧森堡、法國、西班牙共同合資的阿賽洛公司，如今產值占全球的十分之一，總部就設在盧森堡，使得盧森堡在全球鋼鐵工業舉足輕重。

其次，盧森堡於一九八〇年代後積極發展金融產業，以降稅為誘因，吸引各國前往設置控股公司，終於讓盧森堡成為歐洲金融投信中心的龍頭，甚至是全球僅次於美國的基金業務管理中心。

看似平凡的大街，若不是右邊來回巡邏的衛兵，還真看不出那是大公宮殿。

至於盧森堡的通訊產業，不但有歐洲最大廣播電視媒體公司CLT－UFA，更有全球最大的衛星營運公司——歐洲衛星，九成的歐洲家庭就是收看該公司所傳送的電視節目，但最廣為人知，還是盧森堡企業所創辦的Skype免費網路電話，帶動了全球的電信革命，寫下通訊歷史的新頁。

當我倆在參觀盧森堡市時，心底湧現的是無盡的欽佩。欽佩一個在歷史上不斷被易手的附庸國、一個不過大台北面積的小國家、一個僅台北市五分之一人口的地區，卻在國際洪流中開創出自己的一片天，在鋼鐵業、金融業和通訊業上各領風騷，成為全球最高人均GDP的國家。

「有為者亦若是」，台灣應可效尤。

小國寡民的語言之道

盧森堡自古就是小國家，皇室只能以「大公」自居，舊城區的古蹟也相對樸拙無華。

最具代表性的聖母大教堂，外觀沒有精雕細琢的壁飾，教堂內亦屬簡單典雅。大公宮殿為皇家之所在，位於大街上穩健而低調，若非門外有士兵駐守，真會將宮殿錯認為飯店。

著名的貝克要塞居高臨下，城底被鑿通的岩壁，交錯如蟻穴，每個對外的洞窟也都是砲口，在在警告鄰國勿起歹念，講究的是防禦上的實用性，扎扎實實的軍事要塞，無關乎美感。

盧森堡各觀光景點的可看性，比不上英法等大國，但他們並未因此而放棄發展觀光，反而走得更細膩與貼

T恤上印著「i（information）」的盧森堡大學生，通曉德、法、英、盧等國語言，正為遊客提供諮詢服務。

心。遊客較常駐足的憲法廣場與貝克要塞，盧森堡都安排了駐點的旅遊諮詢人員，隨時為遊客一對一地解答觀光上的疑難雜症。

身穿黃衣、背後寫著「Ask Me」的年輕服務員，多是利用暑假來工讀的大學生，他們的主修多不在觀光休閒，卻都能勝任愉快，在於他們被教育出來的多國語言能力。

盧森堡國民本來就有盧森堡語，但因為血緣上與法國較接近，且過去長期處於德語系「神聖羅馬帝國」統治，因此盧森堡語、法語、德語等語言，自古就被當地人視為生活上的基本溝通能力。近世紀，盧森堡更為了維繫與鄰近德法二國的友好關係，決定透過教育來培育國民的德法語言能力，冀望褪除語言的隔閡，拉近與德法兩國之間的距離。

盧森堡從小學低年級開始，就先以盧森堡語授課、小學高年級開始使用德語、中學再轉為法語，再加上英語是必修，一位國中畢業的盧森堡學生，常已經會說一口盧、德、法、英語。

當我們向服務員索取市區地圖時，他們才剛用德語指引一對老夫婦參觀方向，見到我們又旋即以流利英文詢問需求。我們轉頭準備離去，他們馬上改用法語向後面的旅客打招呼。

如此驚人的外語能力，我倆是既羨慕又忌妒，像我們早錯過了語言的黃金學習階段，就只能認命，繼續「吐」破英文、「比」生動肢體語言，「雞同鴨講」闖歐洲。

扒手別來

分布在歐洲的人文歷史遺跡，密度高居世界之冠，不但是各國觀光客經常造訪的旅遊勝地，也是扒手最多的地區。

據TripAdvisor二〇一〇年的統計，十大扒手猖獗的城市全都由歐洲包辦，榜首是身處歐債風暴、卻有著高第建築奇觀的西班牙巴塞隆納，其次是古羅馬發祥地、又是文藝復興重鎮的義大利羅馬，而每年遊客數以萬計的花都巴黎位居第三，之後才是西班牙馬德里、希臘雅典、捷克布拉格、西班牙布拉瓦海岸、葡萄牙里斯本、西班牙渡假島田尼利夫和英國倫敦。

歐洲扒手猖獗，肇因於冷戰結束和歐盟成立，東歐竊盜集團紛紛西進劫金，數量是有增無減，手法是推陳出新，又最愛遠到而來、身懷大量現鈔的亞洲肥羊，扒手們常集體行動，一人搭訕、一人扒包，得手後又迅速轉交另一同夥，等到受害者發現已為時晚矣。

盧森堡國家小，能參觀的景點少，到訪的遊客也稀，相對發生扒手行竊的案例就低，是歐洲少數安全的國家，遊玩時不必老是提心吊膽，比起在巴黎總是戒慎恐「扒」的心情，盧森堡一日遊顯得格外輕鬆。

在我們來到歐洲前，就聽聞過不少「扒」案：有的假借示好，偽裝報路，趁你轉身不備之際，扒走財物；有的假好心告訴你錢掉了，等到你彎腰拾錢，他也彎腰扒你；有的冒充警察盤檢，查皮包是否有毒品，等到皮包歸還後，裡面的現鈔也跟著不翼而飛。

最怕就是連護照也一起被偷，一旦沒了身分證明，就和偷渡客沒兩樣，哪裡也去不了，而重辦護照又會拖累行程，致使原本的旅遊興致蕩然無存。

面對歐洲的職業扒手，我們的防扒措施，從外在的穿著打扮開始。

衣著上，多著休閒服，一派輕鬆自若，掩飾人生地不熟的緊張。行囊上，不背背包，背包背後面最易被扒，因此改為側背包，拉鍊拉頭加環扣，雙重防扒。

▌人潮眾多的地方，要特別注意自身財物，留心扒手出沒。

我們也不會在地鐵或公眾場合大剌剌地翻閱地圖，前一天總是默記隔天地鐵路線，最多一張掌心大小的手抄供參考，一副在地人的老練樣。至於開銷花費，僅拿當天所需的額度，皮夾只放小鈔，大鈔和護照則放貼身腰袋，隨身攜帶，最為安全。

如此大費周章的預防舉措，我們到歐洲還是戰戰兢兢，處處提心。就曾聽過發生在地鐵的荒唐案例，受害人是男性，當他擠身於地鐵車廂時，身後金髮的妙齡女子，突然毛手毛腳，摸起他的臀部，他真以為是外國女生開放，懂得主動示好，天外飛來的艷福讓他想入非非，直到下了車，才知道女子是對他的錢包有興趣。所以與陌生人保持距離，遇到搭訕就裝作聽不懂，快步離開是上策。

旅遊時，就算再開心，心也不能全開。出門在外，還是要多提心，言行舉止要謹慎，穿戴不招搖，才是「平安」的不二法門。

荷蘭

阿姆斯特丹自古與海共生，面窄身長的住宅均朝向運河，而運河又與大海相連。

旅荷札記

七月五日（二）

◇ 從法國開往荷蘭的Thalys高鐵，起始站就在我們旅館前的巴黎北站，晨起後不必趕車，從容自在。

◇ 三小時後抵達荷蘭阿姆斯特丹，出站第一件事是到站外的遊客中心購買I amsterdam card 二天卡，一卡包辦市區電車交通和各國立博物館門票。

◇ 阿姆斯特丹行程：乘荷蘭阿姆斯特丹的路面電車先到飯店check in，後參觀國家美術館、梵谷美術館、水壩廣場、新教堂、舊教堂、紅燈區、性博物館、安妮之家。

◇ 隨筆：亮身體微恙，應是水土不服，身染「歐式」風寒，鼻塞喉疼，僅能吞成藥苦撐。

七月六日（三）

◇ 亮病重！先前緊湊的行程，導致睡眠不足，積勞體虛，不得不放棄原定的Bloemenveiling Aalsmeer花市參訪。改在房內補眠靜養，十一點才重新展開行程。

◇ 風車村行程：搭列車前往Koog-Zaandijk的Zaanse Schans風車村，遊覽衆風車、起司工坊、木鞋工坊，晌午回阿姆斯特丹，繼續造訪海尼根體驗館。

◇ 隨筆：在風車村，我們見識到荷蘭天氣的陰晴不定，忽晴忽雨，變天如翻書，幸好隨身攜帶輕便雨衣，不然，病情又要加重了。

荷蘭想像

對台灣人而言，荷蘭並不陌生。早在十七世紀初，荷蘭人就來到今日的台南，將台灣作為聯合東印度公司的貿易根據地，前後統轄台灣長達三十八年，及至明朝鄭成功收復台灣，荷蘭人才悵然離去。

此事久矣，但荷蘭人留下的台灣相關紀錄，卻提供了後代史學家考證台灣歷史的珍貴依據，「荷蘭佔領台灣時期」也就成為台灣史的重要起始，是後人認識台灣的首要篇章。

猶記得小時候的床邊故事，鄭成功驅逐「荷蘭紅毛番」而成為民族英雄，書中所繪的荷蘭人——捲紅髮、膚白皙，說是番？倒像鬼！事隔多年，當我們抵達荷蘭阿姆斯特丹最著名的水壩廣場，放眼望去，才發現荷蘭人髮色百百款，肌膚有黑、有白、還有黃，就是沒有魑魅魍魎似的「紅毛番」。

▌阿姆斯特丹的水壩廣場上熙熙攘攘，但就是沒看到傳聞中的「紅毛番」。

隨著歲月成長，始知風車、乳酪、木屐和鬱金香是荷蘭的代表，在我們自編的美夢中，荷蘭有廣闊的牧場，成群乳牛低頭嚼草，風車在農舍旁迎風打轉，遠方穿著傳統木屐的荷蘭少女，正在鬱金香花海中清唱著鄉間民謠，迎接春天的到來。

奈何，荷蘭傳統的木製風車早已凋零，取而代之的是現代化的鋼構風車，傳統風車只有特定地區才看得到。要吃荷蘭乳酪，不必到牧場，大賣場就有。荷蘭木屐踩在水泥地上是既重又吵，木屐當紀念品比當鞋穿來的有價值。七月到荷蘭注定與鬱金香無緣，鬱金香花季只在三到五月，夏天只買得到「不一定會開花」的鬱金香球根，祈禱它明年在台灣開給你看。

兒時的荷蘭想像，多的是美麗的錯誤，唯獨「Go Dutch」的傳聞卻是真的。「Go Dutch」是中學必背的英文片語，意指不請客、各付各的，當中的Dutch就是指荷蘭，「Go Dutch」也就是像荷蘭人一樣錙銖必較，自己付自己的，別想要我請客。

過去，我們不過把它當笑話看待，而今來到阿姆斯特丹，當我們向報攤老闆購買郵票、準備寄明信片時，老闆一臉晚娘面，大言不慚地說「沒有！除非你們另外多買我的商品」。

我們一邊咒罵老闆勢利眼，一邊無奈地多買了三個紀念鑰匙圈。錢才剛掏出來，老闆倨傲的臭臉馬上見錢眼開，變臉比翻書還快，不但笑著說台灣是「Formosa」，還用中文跟我們說「謝謝」。

「Go Dutch」果然其來有自。

想像中的荷蘭，時而荒謬可愛，時而真切實在，但不管是「原來如此」的恍然大悟，抑或「果真如此」的驗證驚嘆，我們對「荷蘭」都有了全新的認識。

荷蘭浪，依舊滔滔

荷蘭的歷史，處處是「海」。

荷蘭人馴化大海，敢與海爭地，以拓展國土疆域。荷蘭人勇於航向大海，藉著海上的商業貿易往來，賺進無數的財富。荷蘭更曾是十七世紀的海上霸權，睥睨群倫，建立荷蘭的「黃金年代」。

海，對荷蘭人而言，是挑戰、是機遇、也是世界舞臺。

然而，當荷蘭人試圖征服大海的同時，海也悄悄地改變了荷蘭。

搭乘阿姆斯特丹的觀光船參觀首都時，所航行的藍色公路，是早期荷蘭人為了商船入港後，方便貨物的載卸與配送，特地規劃的運河渠道。

沿著運河，緊鄰相接的房舍，是荷蘭商家為爭取面河的門面，特地將門面窄縮、房屋拉長的特殊造型，屋

▍白天貌似幽靜的運河與民宅，一到了晚上，卻是鶯鶯燕燕聚集的紅燈區。

內樓梯狹小且陡直，以延展更多的儲物空間，家具與貨物要運達上方樓層，還得靠屋頂突起的鈎鉤來進行裝卸。

海，顯而易見地改變了阿姆斯特丹的地景與建築，但對於長期經營海上貿易的荷蘭人而言，海的影響，更多的是潛移默化了人們的內在思維，形塑了荷蘭人重商重利的民族性。

十六世紀西班牙國王透過政治聯姻取得荷蘭的統治權，荷蘭人坦然接受西班牙的治理，但當西班牙國王試圖向荷蘭人收取稅金時，荷蘭卻奮起抵制。

又或，十七世紀末，當荷蘭使節團覲見中國皇帝時，荷蘭人竟然願意接受其他歐洲使節不願接受的三跪九叩之禮，只因為荷蘭人不想因為所謂的尊嚴，而喪失了開港通商的龐大利益。

如此在商言商的資本邏輯，凡是利之所趨，荷蘭人也比其他國家更願意接受新事物，處事態度也較開放。

好比大麻在許多國家都是違禁品，吸食不但違法，販售更要判重罪，但荷蘭人視大麻為商機，徹底地將大麻市場化，堅信交易能以價制量，價格可以決定供需，唯有市場機制取代黑道組織的地下買賣，社會才會更安定有序，所以當你在阿姆斯特丹的街上看到許多「Coffee Shop」，不要誤認是荷蘭的咖啡店，事實上，那可是癮君子們吞雲吐霧的大麻俱樂部。

又如性交易問題，多數國家視之為洪水猛獸，始終消極地迴避與忽略。唯獨利益至上的荷蘭，反其道而行，主動將性交易合法化，為性交易設立特許的合法營業區域，避免黑道壟斷與把持。

如今，阿姆斯特丹市的紅燈區依在，我倆在好奇心的驅使下，趁著天明一探究竟，只是性工作者晝伏夜出，未見夕陽西下，大街上嗅不到一絲鶯鶯燕燕的胭脂味，但我們依然在暗巷中，驚見三五妙齡女子大剌剌地提早開工攬客，行經的荷蘭人似乎習以為常，從容而過，正眼不瞧，似乎正告訴我們「這不過是business！」

那一刻，我們似乎還聽得見大海的浪濤，依舊在荷蘭人的身體裡澎湃不已。

安妮·法蘭克

世人若欲瞭解二戰期間德國納粹迫害猶太人的無情與殘酷，最真實的歷史資料，來自於年僅十三歲的猶太女孩安妮·法蘭克所寫的「安妮日記」。日記中沒有悲情的控訴，文句盡是小女孩稚氣未脫的生活自白，但字裡行間卻流露著身為猶太人卻不容於世的惶恐與不安。

時序回到一九三三年，德國納粹黨獲得國會多數席次，希特勒順理成章當上了總理，原先講究民主平權的德國威瑪共和，開始走向一黨專政的獨裁之路，反猶太主義迅速崛起。

是年，人在德國法蘭克福的安妮父親——奧托·法蘭克——早嗅出希特勒極端種族主義的邪惡本質，為了保護年僅七歲的瑪格麗與四歲的安妮，大舉搬遷到荷蘭阿姆斯特丹避難，成功躲過二年後的德國反猶太行動。

可是，揮舞著泛德意志民族主義大纛的希特勒，早不把第一次世界大戰後所簽的凡爾賽和約放在眼裡，開始大肆侵略鄰國，以閃電攻勢襲佔波蘭，逼著原本採消極息事寧人的英法兩國，不得不對德國宣戰，揭開二次世界大戰的序幕。

奧托原先以為英法聯軍會迅速擊退德軍，讓歐洲回復過去的平靜，不料事與願違，勢如破竹的德軍，在占領波蘭後的隔年（一九四〇年），竟一舉擊潰了法國和荷比盧，徒存英國繼續苦撐。

聽到這壞消息的奧托，還想再逃往美國避難，可惜納粹已封鎖了所有的港口，一切都太遲了，法蘭克一家人從此成為排猶的對象，出門都必須攜帶標誌猶太人的星章，處處受到監視，成為人群中的「異類」。

不久後，奧托甚至收到勞動通知，當時他並不知道這是一張前往集中營的不歸路，只是心中忐忑不安，深覺應該盡快找個隱蔽之處，避避風頭，等待二戰結束的渺茫曙光。

常言道「最危險的地方，就是最安全的地方」，奧托於是將他公司後方的民宅買下，前後棟的三樓打通，以大書櫃掩蓋連通的入口，把後棟三、四樓規劃為

每天前來參觀「安妮之家」紀念館的遊客絡繹不絕。

避難所。

一九四二年七月六日上午，法蘭克一家四口先假裝出遠門避難，趁夜再回到避難所。之後他們又收留了同是猶太裔的范・佩爾斯一家三口、及其友人弗里茨，共八人。

躲藏期間，奧托公司委由他所信賴的員工繼續營運，生活所需靠少數知道此祕密的員工協助。安妮也就是在這時候，將她對納粹迫害猶太人的所見所聞，以及躲藏後宅的親身經歷與感受，一點一滴地寫在日記中。

走進「安妮之家」的歷史現場，牆上一幅幅描述安妮一家人的悲慘境遇，滲透著無比的沉重與無助，我們原本的旅遊情致，也在剎那間被凍結。

登上大書櫃後方的陡峭樓梯，走進當初藏匿八人的避難所，裡頭的空間不但異常窄狹，窗戶還一律以黑簾緊覆，防止被窺視，也防屋內任何一絲微光外露。屋內雖置有簡易的廚房與浴廁，但節制用水，深怕不經意的一滴水聲都會啟人疑竇。平日的食物來源，除了靠友人提供的有限配給，其餘都得靠事前囤積的罐頭糊口。

八人在不見天日的屋簷下，日子雖然煎熬，但至少是自由之身，奧托偶而會利用夜深人靜時，偷溜到公司協助理帳，一家人也能透過微弱的廣播得知盟軍戰況，或者從協助躲藏的友人口中，了解現今國際局勢的發展。

那一刻，他們對未來仍抱持著希望。

可惜，好景不常，一九四四年八月四日上午十點多，安妮的日記被迫中止。德國警察接獲密告，破櫃而入，將八人悉數逮捕，遣送集中營監禁，不分男女剃光了頭髮，如牲畜般被紋上識別碼，受的是奴隸式的苦勞，飢寒交迫、瘦骨嶙峋，等待他們的是無盡的絕望。

一九四五年二戰告終，八名藏匿者中，只有安妮的父親——奧托——獨活，安妮不幸死於集中營，距英軍解放貝爾森集中營只差了二個月。如果她能熬過這苦難，她現在應該九十有餘，也許會是位仁慈的祖母，子孫滿堂。

慨歎歷史沒有「如果」的假設，安妮身後只留下一本小日記和數十張手稿，且得來僥倖，當時負責搜捕藏匿者的德國警察，搬空了所有的傢俱，唯獨漏了散落在地上的安妮日記手稿，是協助藏匿的梅普・吉斯事後偷偷拾起安藏，戰後轉交給安妮父親。

歷劫歸來的奧托，讀完女兒留下的日記遺稿，內心激動不已，決心圓安妮長久以來想當作家的夢，將日記重整出版，公諸這段悲慘的史實，並利用版稅收入成立私人基金會，將他們當年躲藏的二六三號民房規劃為紀念館，悲訴德國納粹在二戰時期對猶太人的不人道殘害，冀望世人能從這段歷史悲劇中得到寶貴教訓，莫重蹈納粹法西斯極端種族主義的覆轍。

而今，納粹黨的惡行已在紐倫堡審判中被判有罪，但正義的伸張仍有未逮，何人告「安妮之家」的密?迄今仍是個謎。

我們落寞地走出安妮之家，步伐無比沉重，心中的鬱結壘塊，好一陣子才隨風散去，不禁深深感喟，現下的自由，實在得來不易。

就是要海尼根

台灣經濟部自一九九三年開始推廣「觀光工廠」的概念，鼓勵製造業將工廠開放，朝向無煙囪的觀光休閒產業發展，將原先封閉的工廠開放作為觀光景點，讓民眾有機會親臨生產現場，了解不同產品的生產與製作過程。

近二十年的發展，陶藝觀光工廠有之、飲料觀光工廠有之、文具觀光工廠有之、烘焙觀光工廠有之，各式以觀光為名的工廠如雨後春筍般冒出，吸引如潮的遊客前往參觀，讓原本因工廠外移而日益遲暮的台灣製造業，找到了轉型的契機。

正本溯源，「觀光工廠」的概念始於先進歐美國家，且行之有年，發展也較成熟，其中又以荷蘭阿姆斯特丹的「海尼根啤酒體驗工廠」最為有名。

海尼根啤酒，是世界第一個啤酒出口品牌、在全球七十多個國家擁有一百四十餘座啤酒廠、銷售範圍橫遍五大洲，在台灣是無人不知、無人不曉，尤其那句琅琅上口的口號「就是要海尼根！」，不但成功打開台灣市場，更深植於台灣人心中。

時下，人們聚餐往往都少不了要來一罐海尼根啤酒助興，但一提到海尼根是源自荷蘭！許多人的反應：「是美國的吧？荷蘭不是只有風車嗎？」一臉難以置信。

一八六四年，年僅二十二歲的Gerard Adriaan Heineken在荷蘭阿姆斯特丹創立了海尼根釀酒工廠，工廠的名稱正來自於他的姓。早期海尼根只生產屬於勞工階級的黑麥酒，直到一八七〇年以皮爾森式釀出的金黃啤酒席捲歐洲，海尼根才開始改弦易轍，作出品牌區隔，釀出了我們現在所喝的海尼根啤酒。

可是，真正讓海尼根站穩霸主地位，深獲不同世代歡迎，甚至成為風迷全球的啤酒品牌，靠的不是只有它的獨特麥味酒香，還有更多來自於Heineken的非凡行銷手腕，深深擄獲人心。

殊不知，海尼根啤酒廣告從不訴諸它酒釀的有多奇特、或理智分析它的口感有多出眾，反而是以令人捧腹大笑的創意廣告，將Heineken與詼諧逗趣緊密連結，讓喝啤酒成為一樂事，而片尾反覆出現的「就是要海尼根」，捨我其誰的寓意，無形中催眠著我們。就算我們不懂杯中物，到荷蘭觀光，依然「就是要海尼根」，莫名地渴望去啤酒體驗工廠參觀。

荷蘭阿姆斯特丹的海尼根啤酒體驗工廠，原是海尼根的第一間釀酒廠，後因市場需求漸增，舊廠不敷使用，不得不在一九八八年進行廠遷，將釀酒廠移到郊外，進行更大規模的啤酒生產，而原本的舊廠則在三年後轉為觀光工廠，肩負對外的形象塑造重任，其終極目標，誠如二〇〇八年為海尼根進行品牌再造工程的Bob Rogers所言：「我們希望能重新連結人們對啤酒釀造與海尼根歷史的聯繫，讓更多人有機會見識海尼根、接觸海尼根、品嚐海尼根」。

當十六號或二十四號電車在Stadhouderskade停下，龐然的海尼根啤酒體驗工廠就矗立在眼前，穩如它百年不墜的聲譽。

海尼根啤酒體驗工廠從原先的釀酒廠，成功轉為充滿歡笑的娛樂天地。

輸入英文大名，再以信用卡結帳，就能輕鬆擁有印著自己名字的海尼根紀念啤酒。

海尼根體驗工廠的動線規畫，前半段少不了要介紹一下海尼根的歷史、陳列海尼根的古物、瀏覽舊酒廠的規模，不脫博物館式的老學究，但真正令人驚艷的，是後半段的高科技聲光「體驗」。

海尼根為了寓「釀啤酒」於樂，首創將小麥發酵、醞釀啤酒、到瓶裝批發的流程，以4D虛擬實境的電影特效呈現，讓遊客在瞭解啤酒如何製造之餘，也同時經歷了一場魔幻旅程。

體驗工廠還砸重金打造多媒體互動娛樂，你可以在舞台上模擬DJ混音；也可以在藍幕前，留下你與海尼根的合成照；更能躺在泛著綠光的未來椅上，從海尼根過往的電視廣告中追憶斯年。

此外，體驗工廠裡有專業的酒保，講解品飲啤酒的學問，並附贈每人二杯免費的海尼根啤酒，供人痛快暢飲，讓味蕾也海尼根。酒酣耳熱、意猶未盡之際，腦筋動得快的荷商，更為遊客們提供了個性化的專屬紀念品，只要簡單輸入自己的英文名字，輕鬆刷卡付清作確認，離開前，一瓶印著你英文大名的海尼根啤酒，便是你我獨一無二的戰利品。

海尼根不愧是國際級的啤酒品牌，就連一個半小時工廠體驗，也是國際級水準，經營模式早跳脫台灣觀光工廠的制式樣版：乏味的陳年工廠史介紹、老舊廠房設備參觀、和固定的DIY手作，海尼根成功地與現代科技相結合，突破以往觀光工廠的老窠臼。

不斷求新求變的「Heineken」，其觀光工廠已是新興的娛樂天地，館內洋溢著歡笑、充滿流行時尚、更有酷炫無比的聲光科技，足以為啤酒界的「迪士尼」，更是海尼根之所以為「海尼根」的原因。

風車、乳酪與木鞋

風車、木鞋和乳酪等三寶，是不折不扣的荷蘭意象，而最能一次遍覽此三寶的福地，莫過於阿姆斯特丹郊區的Zaanse Schans村。

巨哉風車

位在Zaan河東側，並以此為名的Zaanse Schans村，十七到十八世紀期間，是荷蘭人的居住地與工作地，當地人藉由風車的運轉來進行碾色料、榨油、鋸木等工作，每一座風車其實就是一間製造工廠，風起之際，也是「錢」湧之時。

可是隨著科技發展，到了一九六〇年代，老風車的風光歲月已不在，荷蘭政府於是保留古風車、保持老房

▌沿著Zaanse Schans村河畔一字排開的風車，均是古董級的觀光工廠。

舍、保存了過往的傳統歲月，將此地轉型為荷蘭的戶外風車博物館，作為教育與觀光之用。

從Koog-Zaandijk車站走上跨河大橋，迎面而來的Zaanse Schans村風車，豁然地在我們眼前一字排開，沿著天際線，緩慢轉動著十字扇葉，像熱情的侍者們招手歡迎來訪的旅客，親切可愛。

然而，越是走近，我們先前所見的迷人畫面，竟然開始蛻變，風車是越來越巨大，扇片是越轉越快速，直到我們親臨其下，仰頭望之，才恍悟我們「有眼不識泰山」，面前的風車根本是天降的神兵玄將，掄起的鐵扇，旋風般狂嘯怒號，氣魄懾人，聞之喪膽，大概只有浪漫如唐吉軻德者，才敢挑釁叫囂。

荷蘭人幸得風車之利器，難怪可以馴服大自然的巨風，使之為人們轉葉扇、旋軸心，牽引大大小小的木製齒輪，幹盡粗活而不喊累。

風車內，轉軸與齒輪之間的連動聲響此起彼落，極富節奏感的發出隆隆聲響，唱的仍是百年如一的勞動歌，做的依舊是世紀前的老工作，差別只在於過去是貨真價實的製造業、現在是取悅大眾的「演藝事業」。風車主人只要靠著每天前來觀賞風車表演的門票收入，就賺得比產品製造來的多。

如此看來，Zaanse Schans村的眾風車也算是觀光工廠了，只是，比起海尼根體驗工廠結合現代高科技聲光特效，位居當代潮流的前端，Zaanse Schans村風車的懷舊復古，則屬光譜上的另一端——古董級觀光工廠之典範。

餿哉乳酪

風車是Zaanse Schans村最重要的瑰寶，而古荷蘭人生活智慧結晶的乳酪和木鞋工坊，亦在此作歷史的共同見證。

荷蘭的畜牧業發達，牛奶價廉又物美，因此藉由凝乳酶把乳品酸化，將固態的乳酪抽離，壓製為乾乳酪，已成為荷蘭當地的特產。類型之繁，除了依含水量區分軟硬質地、依熟度來劃分新鮮或熟成，還可以依各生產省份作風味區別。產量之多，除了國內自售外，還可以外銷，每年四十多萬噸的出口量，高居世界冠軍。

Zaanse Schans村的乳酪工坊，展示了乳酪的製作流程。

Zaanse Schans村的乳酪工坊，店內除了展示現代化的乳酪量產設備，架上還陳列著琳瑯滿目的各式乳酪，彷彿走進了乳酪之「大觀園」，處處令人驚奇。

我們原本也想搬一塊「金磚」回台作紀念，可是才試吃了一小塊，就打退堂鼓。乾乳酪濃烈的乳酸奶臭，令人懷疑是餿物，但當著店員的面又不便作噁，只好含著淚水往肚裡吞。自此，我們心底已將荷蘭乳酪與榴槤畫上等號，都是我們不敢恭維的「霉」食。

西方乳酪可比台灣的臭豆腐，都以臭味見長，不習慣者冒然嚐之，鐵定色變，總要歷經多次天人交戰，克服心理障礙，才會懂得箇中的美味。

巧哉木鞋

比起乳酪的可怕味道，荷蘭木鞋的圓鈍造型和鮮豔塗色，反倒讓我們愛不釋手。

荷蘭的木鞋是應環境而生的產物，由於荷蘭多數土地低於海平面，是名符其實的「低地國家」。長期以來，荷蘭人不斷與海爭地，為了適應高度的溼氣，以及泥濘不堪的土地，於是引進法國布列塔尼地區的木鞋技術，以材質輕、不易裂、不滲水的白楊木，製成外形像艘小船的木鞋，兼具抗潮、禦寒和護腳的功能，成為荷蘭民眾最喜愛的「足衣」。

荷蘭的木鞋亦是浪漫愛情的象徵。過去荷蘭男人向女生求婚，必須先悄悄量好對方的雙腳尺碼，親手自製木鞋，刻上對方的芳名作為定情之物，才有機會抱得美人歸。

只是，過往的手工木鞋耗時耗力，一小時頂多作出一雙，顏色多黑白相間，講究實用性。反觀現下的機械製鞋，工匠從塑形、刨空到打磨，一雙木鞋的粗胚不消五分鐘，效率今非昔比，再加上木鞋多作紀念品之用，鞋身上的彩繪更是多采多姿。

環顧木鞋工坊四壁，各式鞋款琳瑯滿目，就連天花板也掛滿了色彩繽紛的木鞋，令人目不暇給，根本不用怕沒有你要的款式，只怕你買不完而已。

Zaanse Schans村的木鞋工坊，定時會有人表演如何製作木鞋。

琳瑯滿目的木鞋，各式尺寸應有盡有，任君挑選。

親自試穿一下木鞋，才發覺，相較於只有鞋板的日式木屐，荷蘭木鞋的包覆性更佳，只是，若是裸腳穿之，稚嫩的腳皮肌膚直接與粗糙的木鞋磨擦，不流血也會起水泡，所以荷蘭人多會先著厚襪再穿鞋，除了保護玉腳，也可以在高緯度的荷蘭寒冬中保暖。

邁開大步前行，木鞋撞擊地面所發出的喀喀巨響，令人難受，卻是當今社會才有的困擾。憶往，荷蘭的道路多是鬆泥軟濘，鞋起鞋落，豈會價天響，至於沾滿汙泥的木鞋，整雙拎起沖洗也無礙，不但比皮鞋耐用，價格更是低廉，大概只有當今的布希鞋可與之匹敵，難怪大受觀迎。

頗能發思古情懷的木鞋，還真讓人心動，不禁湧起購買的衝動，但回頭一想，台灣遍地柏油與路磚，哪來的泥土地供我們踩踏？反正買大或買小，回國都只能擺在櫥窗懷念，不如買雙小巧可愛的迷你木鞋，更惹人愛憐。

Zaanse Schans聚古風車、乳酪、木鞋工坊於一村，不但具博物館的教育意涵，又可發揚傳統的三寶文化，還能藉機賺進觀光財，不啻是一石三鳥，讓人不得不欽佩起荷蘭人的用心深遠、規劃周詳。

縮衣節食

出門在外，吃穿難免不由己，尤其從法國到荷蘭，我們行程已過了三分之一，感觸也就越來越深刻。

洗衣大學問

我們西歐之旅的如意算盤，是備足一個禮拜的衣褲量，髒了靠當地自助洗衣店清洗，循環輪替，源源不絕。

以為萬無一失，孰料歐洲的自助洗衣店難覓，而旅館代為洗烘衣的價格又高，我們只好將浴室作洗衣間，洗臉台當洗衣器，窗戶是最天然的烘衣機，白天外出是「旗海飄揚」，晚上再來降旗收幟，將就克難。

這一臨時的洗衣法，在法國巴黎相當有用，地處內陸的巴黎市是典型的大陸型氣候，夏季炎熱又乾燥，濕衣服晾個一天就乾了，可是到了荷蘭阿姆斯特丹，手工洗衣服倒成為我們的夢魘。

阿姆斯特丹不但臨海，城內又環繞著層層運河，水氣之重，不言可喻，一整天下來，晾的衣服都只能半乾，晚上還得撐著眼皮，靠著唯一的吹風機烘烤，雖然耗時費力，但為了撙節開銷，這是唯一的辦法。

吃也自助

為平衡自助旅行的預算，我們甚少在歐洲入餐館品美食，我們大部分的餐飲，都靠自備的泡麵與三合一，或者到當地購買最平價的乾糧，吃得簡單，也吃得實惠。

畢竟，歐洲物價水準比台灣高很多，以一罐可樂的價格為例，台灣只要二十元就買得到，但歐洲卻是台灣的二倍，有時匯率一飆漲，甚至要價近三倍，令人

在歐洲自助旅行，晚餐若能自備電湯匙煮泡麵，可省下不少的開銷。

擁有二百多年歷史的荷蘭Albert Heijn連鎖超市，是我們的乾糧補給站之一。

咋舌。再加上歐洲人力昂貴，餐館一頓普通不過的輕食餐飲，費用可比台灣的王品大餐高，物非所值。

為了避免在歐洲被吃垮，我們出發前就已作好萬全準備，偌大的二十九吋行李箱，有三分之二被泡麵和乾糧所塞滿，剩下三分之一才是日常的衣褲與盥洗用品，一路上靠著電湯匙沖泡速食麵，湊合著渡過三餐。

千萬別小看這些微不足道的泡麵，泡麵在歐洲的大賣場或小超商都是買不到的「珍品」。歐洲不興亞洲的泡麵文化，他們寧可吃冷冰冰的三明治，也不習慣將熱水沖出來的麵當「麵」吃，所以數量帶不夠，就只能到歐洲各國的中國城碰運氣，當然價格也是歐洲級的。

尋覓補給站

行李箱再大，乾糧帶再多，長時間旅行下來，還是有竭盡的時候。路上的販賣機雖然能解燃眉之急，但不足以溫飽，唯一例外，是荷蘭車站外的熟食販賣機。

▎荷蘭特有的熟食販賣機，符合自助旅行者講求簡便的需求。

荷蘭熟食販賣機不售冷飲，賣的是漢堡與可樂餅等熟食，販賣機只保溫不保冷，錢一投，玻璃蓋一拉，食物拿了就走，點餐的口舌也免了，比「得來速」點餐還快速，最能滿足我們這種求簡便的自助旅客。

可是，離開了荷蘭，販賣機只有在車站月台上還勉強看得到，因為在歐洲，零錢多被拿來當上廁所的小費，路上寧可擺垃圾桶，也不放販賣機，所以我們一路上的補給只能仰賴超級市場。

旅途中，我們一旦巧遇當地的超級市場，哪怕是行程再緊湊，也要快速逛個一圈。一方面是解泡麵膩，買個歐洲的便宜麵包或麥片，搭配價廉的牛乳，湊合又是一頓異國珍味；另方面也把握補給乾糧的機會，才不會在販賣機為稀有物的歐洲國度，臨時空腹挨餓。

速食餐廳最平價

若說，自炊泡麵再搭配當地平價超級市場的乾糧，是我們歐洲旅行緊抱的兩

▌速食餐廳的點餐單圖文並茂，套餐價格實惠，是我們的最愛。

隻佛腳，那隨處易見的「速食餐廳」就是我們關鍵時刻的救命錦囊。

歐洲人均所得遠高於台灣，餐廳所需的人力成本高，繳得稅也多，反映在餐費上也就相當驚人。反觀麥當勞或肯德基之類的速食店，少了服務生的送餐與收餐服務，店家又定位是外賣場所，所需繳交的稅額遠低於一般餐館或小酒館，一份套餐的價位竟和台灣相差無幾，意外在歐洲成為最平價的餐飲店，每往都是門庭若市。

另方面，對於我們不諳英語的旅人，速食餐廳「圖文並茂」的點餐單，「手指」就能克服語言隔閡，點餐既簡單又迅速，尤其當我們來到法國時，一般餐廳的菜單不但沒有英文翻譯，也沒有圖片說明，想用英文詢問，不是言不及義，就是服務生視英文為外語，搖頭表示聽不懂，若胡亂點菜，要麵包可能送開水，點牛排卻是送紅酒。

相形之下，速食餐廳淺顯易懂的點餐模式，反而讓人較有安全感，麥當勞、肯德基、漢堡王等就是我們異地的五臟廟救星。

至於，出外臨時找不到超市，又覓不著速食餐廳，那也只好——啖「美景」療飢吧！

有世界上最美麗廣場之稱的布魯塞爾大廣場上，依然保存著華麗的古商業公會建築。

比利時

旅比札記

七月七日（四）

◇ 從阿姆斯特丹車站搭乘Thalys高鐵，只消二小時就能到比利時布魯塞爾，安頓好行李後，乘比國列車前往素有北方威尼斯之稱的「布魯日」（Bruges）。

◇ 布魯日行程：逛廣場、登塔樓、訪聖血禮拜堂、遊河、大啖淡菜作晚餐。

◇ 隨筆：晚間，於布魯塞爾大廣場巧逢當地一年一度的歐門根慶典，幸運至極。

七月八日（五）

◇ 早晨，將行李寄放飯店櫃台後，旋即輕裝出遊。

◇ 布魯塞爾行程：徒步探得傳說中的尿尿小童後，續訪大廣場、尿尿女童、比利時漫畫中心，再搭地鐵到原子模型塔、五十周年紀念門與歐盟總部參觀。

◇ 隨筆：傍晚，滿懷著期待的心情，在布魯塞爾南站搭乘名聞遐邇的「歐洲之星」跨海高鐵，前往旅程的最後一個國家「英國」。

2011.7.8 原子模型塔

Thalys大力士高鐵

旅程中，由法、德、荷、比等四國共同開發的Thalys高鐵，串起了我們從法國到荷蘭再到比利時的連線。

乍聽Thalys這名號，多數人應和我們一樣，納悶為什麼叫「Thalys」?事實上，它並不像TGV高鐵是法文──Train à Gande Vtesse的縮寫，也不是某神話故事中的神祇名字，只是因為這名字在票選過程中，不管以法語、德語、荷語等來發音，聲音都一致的輕脆響亮。

在台灣，Thalys被音譯為「大力士」，不禁令人聯想到希臘神話中完成十二件不可能任務的「海克力士」（Hercules），雄壯威武的形象，正和Thalys的廬山真面目相符。

任誰第一眼看見大力士高鐵，都會被它流線的車體和紅色的車身給吸引。在車站諸多剛硬冷峻的列車中，

Thalys大力士高鐵的紅色車身，洋溢著熱情與活力。

紅色的大力士反而予以人們無限的熱情與衝勁，一如準備多時的無畏鬥士，迫不及待地在對峙線前摩拳擦掌、躍躍欲試。

然而，精壯如斯的大力士，卻容不下一絲贅肉。大力士高鐵唯一令人詬病的地方，就是它擺放大行李的空間既狹又少，不若ＴＧＶ或歐洲之星在車廂內外都安置了大型行李架，大力士高鐵只有車廂外才有鐵架，放行李的空間時常告罄。

因此，當車站的車班時刻表一公佈大力士高鐵的停靠月台後，每個人就像聽見哨聲響起，開始百米競速，勝出的，行李是同節車廂的座上賓，落敗的，淪落到其他車廂放行李。

從荷蘭阿姆斯特丹到比利時布魯塞爾，是我們第二次搭乘大力士高鐵，有了前次慘敗的教訓，我們這次老早就到月台等車，但這次我們車廂的排隊人潮卻少了許多，架上的行李也稀稀落落，甚至車廂內還有不少空位，實在有些反常，可是我們的車廂與座位號碼都無誤，搭成的時間與日期也都正確，難道還有其他車種也是紅色的，是我們上錯車了嗎？

突然間，蕾揮舞著手中的車票，興奮地說「你看，我們的車票好像升級了，我們坐的是頭等艙耶！」這麼一提，倒提醒了我。

當初，提早訂票的折扣優惠，頭等艙與標準艙的價格差相差無幾，所以我特地預訂頭等艙座位，想體驗一下高級車廂的尊榮。沒想到，事隔多月，我居然把這件事拋到九霄雲外了。

Thalys頭等艙的旅客少、座位較寬敞，行李不但可以就近擺，就連早餐也有著落。

一坐定，服務生緩緩推著小餐車，笑容可掬地迎面走來，親切地問我們早餐要吃甚麼？起先還以Thalys和台灣高鐵一樣，只提供咖啡和報紙，詢問後，竟然還有香酥鬆軟的可頌麵包，專為趕車來不及進食的旅客，提供一頓熱呼呼的早餐。

原來——大力士的「紅」，還有一份溫暖的體貼啊。

一起到大廣場尿尿去

尿尿小童之於比利時布魯塞爾，就好比自由女神之於美國紐約、巴黎鐵塔之於法國巴黎、大笨鐘之於英國倫敦、台北一〇一之於台灣台北一樣，是一個國家的象徵性地標。

當中，唯獨尿尿小童是以「嬌小可愛」取勝，就連所在的位置，也是在不起眼的狹小巷角，不經一番苦尋，還真難以覓得。

尿尿小童在比利時稱為Manneken-Pis，是名副其實的五歲小童，身長不過五十三公分，全身光溜溜的嬰兒肥嫩模樣，撒起尿來一付天真無邪的表情，惹人愛憐。

關於尿尿小童的由來，相傳布魯塞爾曾遭到敵軍的包圍與攻擊，當時敵軍想利用夜深人靜時，裝設炸藥炸毀布魯塞爾大廣場的住家，沒想到，一位五歲小男孩恰巧下床尿尿，看到鄰房有條正在燃燒中的引線，靈機一

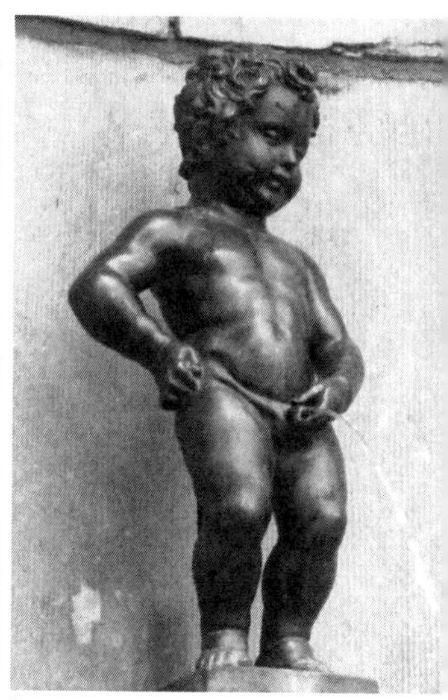

名聞遐邇的尿尿小童，坐落在街巷轉角，尺寸比想像中的小很多。

動，藉撒尿之便，滅了火苗，無意間「澆熄」了布魯塞爾的一場大災難。

事後，許多人感念這孩子的機靈，於是在大廣場附近擺設銅像來紀念之，破天荒地成為世界上最年幼的偉人像。從一六一九年設立至今，算來也近四百歲了，稱得上是比利時最幼齒的「老」市民。

尿尿小童之最，還有他身為史上最資深的「小名模」。

一六九八年，為慶祝布魯塞爾從法國戰爭中浴火重生，統治者第一次為尿尿小童穿上童裝後，往後來訪比國的使節，總喜歡帶一件該國的傳統服飾贈予小童，象徵彼此的邦誼。十八世紀以降，來自世界各地餽贈的服飾總數高達七百多件，尿尿小童就算每天早晚換裝也穿不完。比國還為了收藏這位超級小名模的服飾，特地在大廣場上的市立博物館闢館珍藏，可謂是尿尿小童的專屬衣櫃。

在現今兩性平權的時代，既然有尿尿「小童」，當然也有尿尿「女童」！

一男一女雖然都在布魯塞爾大廣場附近，但尿尿女童的位置還比尿尿小童難找，必須穿過狹窄的海鮮街，閃躲攬客的海鮮店侍從，在看似空無一物的死胡同中堅定前行——「她」就藏在巷底的右牆鐵籬中。

尿尿女童藏身在死胡同內，並設有鐵欄杆與外界隔離。

不同於尿尿小童有一段精彩的歷史典故，一九八五年設立的尿尿女童（Jeanneke-Pis），是為了呼籲世人共同對抗全球的癌症與愛滋病問題，特地增設的。

許多到此一探究竟的遊客，都和我們一樣，對女童蹲坐小解的模樣，感到有些難為情，畢竟社會對女孩子的道德枷鎖，遠比男生來得更多，眼前尿尿女童一絲不掛的撒尿舉止，不免引來側目，但她一付率真可愛的模樣，似乎正以行動來打破我們的迷思——歪著頭，駁斥社會的性別偏見；微仰靦笑，鄙視沙文主義的保守沉痾；自顧撒尿，剛好與世人的偽善成對比。

同樣的如廁解放，不同的男孩與女孩之別，卻有天壤般的意涵之差，「她」雖然不比「他」知名，但「她」卻比「他」更令人印象深刻。

丁丁傳奇

尿尿小童和女童，無疑地是比利時的絕代雙嬌，唯一能與之匹敵的，大概只有「丁丁」（TIN TIN）這號人物了。

丁丁之父——艾爾吉

「丁丁」出自比利時漫畫家艾爾吉（Hergé，一九〇七—一九八三）之手，為一系列「丁丁歷險記」漫畫的主角。他年貌二十出頭，頭上一絡微翹金髮，身邊總是跟著白如雪的忠犬米魯，職業雖是記者，卻同時兼具冒險家、偵探家和科學家等全方位本領，總能在一次次的危機中，機智脫困、破解謎團，就好比是「法櫃奇兵」裡的「印地安那瓊斯」或「神鬼傳奇」裡的「歐康諾」。

左方是丁丁仿真人雕像，右方是丁丁之父──艾爾吉。

「丁丁」的首次任務，是到蘇聯對抗俄共，《丁丁在蘇聯》可說是「丁丁歷險記」的首部曲。當時二十二歲的艾爾吉在擔任報社插畫家期間，為迎合老闆的反共胃口，特地創作出來的冒險故事。

起初，《丁丁在蘇聯》並不被看好，但艾爾吉天馬行空的跨國歷險劇情，在當年出國旅遊還不普遍的年代，卻意外滿足了比利時年輕人對異國的想像，甫出版便引起迴響，更開啟了艾爾吉往後半世紀以「丁丁」為主角的創作生涯。

從二十世紀三〇年代開始，歷經二次大戰，到戰後美蘇間的冷戰對峙，「丁丁」的冒險故事總是陪伴著讀者渡過無情的戰火和恐怖的核武危機，他不畏險路、克服難關的英雄形象，更激勵了許多人的生存鬥志。

縱然艾爾吉於一九八三年撒手人間，「丁丁歷險記」就此成為絕響，但「丁丁」傳奇的寰宇旅程，敢於冒險患難的英勇形象，卻始終深植人心，至今仍風靡全球，漫畫的翻譯版本達八十多種，大導演史蒂芬史匹柏甚至還在二〇一一年將丁丁的故事搬上大螢幕，向這位漫畫大師——艾爾吉致敬。

反觀西方人對丁丁的推崇，台灣囿於地緣關係與歷史發展背景，長期受到日本漫畫文化的影響，對於丁丁的認識，遠不及同是「ㄉㄧㄥ」字輩的小叮噹（現已更名為「哆啦A夢」），加上近年來的科技發展，像丁丁一樣環遊世界已不是夢想，丁丁紙面上的圖像冒險，亦不及電影特效來的震撼刺激。

於是乎，「丁丁歷險記」在台灣二十二冊的中譯本，換過了四家出版社，始終稱不上暢銷，即使打著史蒂芬史匹柏導演名號的丁丁電影，在台灣亦是雷聲大雨滴小，激不起一絲群眾的漣漪，就連前幾年曾在百貨公司設櫃的丁丁商品專賣店，最終也是曇花一現、無疾而終。

丁丁學問大

丁丁在台灣雖然只能算是小眾市場，但依舊不乏像我們一樣的死忠讀者，著迷於「丁丁」不可思議的冒險故事，珍視「丁丁歷險記」為經典漫畫之最，欽佩艾爾吉矢言將漫畫帶入藝術殿堂的遠大抱負。

對艾爾吉來說，將漫畫藝術化是他畢生的志願。他身先士卒地以「丁丁歷險記」作為實踐場域，試圖顛覆世人斥漫畫為次等藝術的鄙夷態度，堅持不懈地履行他的誓言，一點一滴地展現在作品中，因此，當我們順著「丁丁歷險記」出版的時序，重新閱讀艾爾吉的作品，其實也正循著他創作蛻變的軌跡，漸入漫畫藝術的殿堂。

艾爾吉繼《丁丁在蘇聯》所創作的《丁丁在剛果》，故事內容明顯流露出偏狹的白人優越感，輕視非洲黑人的文化，兼之過於荒誕不經的劇情，讀起來不免感到空洞乏味。

此後，艾爾吉以三〇年代中國為背景的《藍蓮花》，得力於當時中國留學生張充仁的協助，第一手掌握到當時中國的鉅變，因此漫畫才開始打破天馬行空的鬆散結構，轉向地理歷史與文化上的真實考據，跨出了漫畫藝術化的第一步。

五〇年代，艾爾吉以當時美蘇太空競賽為主題，推出《奔向月球》和《月球探險》故事，四年的連載過程，他陸續諮詢專業的太空學者，製作仿真的火箭模型，成立工作室來鑽研登月計畫，不計一切心力，為了就只是讓丁丁漫畫更具可讀性、更具真實感、更具藝術價值。

艾爾吉一生對漫畫藝術化理想的追求，讓「丁丁歷險記」成為劃時代與跨國界的經典漫畫，不僅鼓舞了後起的比利時漫畫家，好比「藍色小精靈」的作者佩優（Peyo），更讓「丁丁歷險記」成為學術研究的題材，發展出「丁丁學」（tintinologic），以嚴謹的學術理論來鑑賞「丁丁歷險記」之奧妙。如果艾爾吉地下有知，亦會大呼不可思議吧！

聖地——比利時漫畫中心

身為丁丁忠實粉絲的我們，既然來到「丁丁」的出生地——比利時，就一定要到布魯塞爾的比利時漫畫中心來朝聖。

比利時漫畫中心藏身在街坊中，深具現代感的外觀，內部卻充滿新藝術風格的柔美曲線設計，這裡除了介紹比利時的漫畫發展史、展示諸多比利時漫畫家的手稿與作品外，更隨處可見到丁丁的身影。

比利時漫畫中心收藏了近世紀比利時漫畫家的珍貴手稿。

推開博物館的大門，印入眼簾的正是丁丁登月球的火箭模型，紅白相間、比人還高，吸引了許多參觀者駐足合影。登上階梯，仿真人的丁丁半身胸像豁然在側，頂著招牌的一撮翹髮，俏皮地歡迎遠道而來的佳賓。博物館內，陳列著艾爾吉筆下各種丁丁樣貌，展示由丁丁代言的各式平面廣告，十足是丁丁的個人秀。

丁丁，在比利時人的心中，不再只是平扁的漫畫角色，他早已融入比利時的民族文化中，成為一位有血有肉的傳奇人物。

神隱的創刊號

結束了比利時漫畫中心的行程，我們的丁丁朝聖之旅還差一步。

兒時即為丁丁迷的我們，早收藏了「丁丁歷險記」的系列漫畫，但是台灣的「丁丁歷險記」全系列只有二十二冊，艾爾吉二十二歲所繪的第一本丁丁故事——《丁丁在蘇聯》，始終未在台灣出版，中國大陸和香港更因為該書濃厚的反共劇情而嚴禁販售。

艾爾吉的第一本丁丁舊著《丁丁在蘇聯》，少了它，丁丁的收藏就不算完整。

如今繞了半個地球，總算「皇天不負苦心人」，我們終於在布魯塞爾的丁丁專賣店如願將創刊號《丁丁在蘇聯》納入收藏。

這本《丁丁在蘇聯》是艾爾吉唯一黑白的丁丁漫畫，作者生澀僵硬的筆觸，令丁丁顯得臃腫笨拙，書中過份單調的圖文分鏡，又削弱了該有的緊湊節奏，就連禦敵之術，也都是靠白床單裝神弄鬼來嚇跑俄共，滑稽可笑，一點也看不出丁丁的機智。

但也正因為艾爾吉在首部作品所遺留的樸拙與瑕疵，我們才有機會比對出艾爾吉畫風的轉變、發掘出作者分鏡編排的遞嬗、比較出前後期劇情鋪陳的差異。

當然，最重要的是，唯有收入這本創刊號，我們「丁丁歷險記」的收藏才算齊全！

恭逢歐門根

節慶，堪稱人類史上最偉大的「發明」，不管是宗教性的廟會，或屬傳統習俗的春節，還是緬懷特定人事物的紀念日，人們總會在同一地點、同一時間、進行同一活動，以提供心靈的慰藉、凝聚文化的認同、或抒發己身的情懷。

巧遇歐門根

昔日，各地方的節慶是封閉與排外的，只屬於一地、一國或一民族所有，無法共享。晚近，拜全球化與資訊網路之賜，天涯若比鄰，過去屬於保守封閉的節慶，遞漸開放與多元，我們不只可以隨時得知各地方的慶典實況，更能共襄他國盛舉，親身感受國際慶典的或歡愉、或肅穆、或神秘之氣氛。

信手拈來，許多外國的節慶都是大家耳熟能詳的，如英國愛丁堡軍樂節、法國亞維儂藝術節、西班牙奔牛節、德國慕尼黑啤酒節、巴西里約嘉年華會、泰國潑水節等，多是當今世上赫赫有名的異國慶典。

可惜，平日總為生計忙碌的人們，又有幾回能撥得出空閒，真正參與這些國際盛會？就算有空閒，也不一定能配合得上節慶的日期？就算在渺茫的機率中配合上了，機票？旅費？門票？林林總總的瑣事，往往又使人打退堂鼓。

原以為，我們注定與異國慶典無緣，不意，老天爺這次特別眷顧我們，在抵達比利時的第一天，就讓我們巧遇上布魯塞爾的歐門根（Ommegang）盛會，令人喜出望外。

歐門根慶典在台灣很少被報導，更沒有以歐門根活動為名而出團的旅行社，出發前我們對歐門根毫無概念，僥倖親臨盛會，看著比利時人穿著中古世紀服飾，浩浩蕩蕩遊行到布魯塞爾大廣場，演出歷史劇碼，也表演各式雜耍，才從宣傳旗幟上識得Ommegang一詞。

雖然我們好不容易擠進人群裡，一探究竟，卻是外行人看熱鬧，除了拍手、鼓掌和叫好外，就是連按快門，盲從地拍下這趣味盎然的慶典。直到我們回國，再次回想這段奇聞，搜尋相關資料，才恍然歐門根節慶每年固定在七月的第一個星期二到星期四之間，只有短短三天，且唯獨第一天和最後一天有遊行和表演秀，我們抵達布魯塞爾的那天，恰好是活動的最後一天，錯過了只能明年再來。

歐門根傳奇

Ommegang源自古法蘭德斯語，omme是周圍、gang是走路，組合起來就是行進的意思。至於，為什麼要「行進」？其實有一段充滿宗教意涵的故事。

話說一三四八年，聖母瑪利亞為了感念布魯塞爾居民在Sablon小丘上興建教堂，於是指示貧窮布料工人的妻子Beatrice Soetkens，必須和她的老公到安特衛普大教堂取回一尊聖母雕像來供奉。

過程中充滿許多挑戰，但聖母卻一一顯現神蹟，包括取聖母雕像時，受到安特衛普大教堂看守員的阻止，聖母竟然顯靈向看守員說明原委，讓她順利拿到雕像。當她老公划船回布魯塞爾時，不斷襲來的暗流與強風，讓他感到厭煩，正想放棄時，突如其來的神風，竟推著小船逆流而上，一夜之間安然回到布魯塞爾。

自此，整件事就被布魯塞爾和安特衛普的民眾視為奇蹟，雙方同意每年要在Sablon教堂邊舉行聖母像的「行進」（Ommegang）遊行，至今仍延續著這項傳統。

至於歐門根遊行慶典中，參與者必須穿著中古世紀服飾，甚至還有古裝劇的表演，種種模仿古人的舉止，其實源自另一則歷史故事。

當歐門根聖母像遊行活動持續到了一五四九年，正是二百周年的紀念日，位高權重的西班牙皇帝Charles V為一睹這慶典的風采，決定親自前往觀禮，他的兒子Philip王子，以及二個女兒：一位已是法國皇后的Eleanor、另一位是當上匈牙利女王和荷蘭攝政王的Mary，也都一同出席。不難想見，皇室的奢華隊伍盛況空前，極盡尊榮之能事。

當時在人民心中，皇室彷若神祇，就算皇室成員藏身禮堂，透過隱密的窗戶觀看遊行，百姓還是為了親睹皇室風采，萬頭鑽動，將大廣場擠得水洩不通，歐門根行進反成為其次。

有了一五四九年的皇室加持，歐門根遊行的聲望水漲船高，人們為了紀念當時皇帝親臨的榮光聖景，從此，歐門根遊行就多了一齣西班牙皇室親臨會場的戲碼。

歷史緬懷

即便是二十一世紀，每到一年一度的歐門根慶典，布魯塞爾的大人小孩一律換上中古世紀的戲服，各盡本份，有的扮平民、有的演貴族、當然還少不了炒熱氣氛的樂隊和雜耍團。人們會先進行宗教遊行，嗣後回到布魯塞爾的大廣場，於夕陽漸沉的晚間九點，重現當年西班牙皇帝親臨的歷史實況。

每年的歐門根慶典，都會在布魯塞爾大廣場上，重現當年西班牙皇帝親臨的盛況。

為共襄歐門根盛會，當地居民都會換上中古世紀服飾，追憶往昔。

對比利時人而言，參與慶典是難得的狂歡時刻，大伙卸下平日上班的制服，換上中古世紀傳統服飾，自娛娛人，一同回憶十四世紀的聖母神蹟，一同回想悠久的十六世紀封建社會。在相同的大廣場、卻不同的時空中，與歷史進行一段知性與感性的對話。

布魯塞爾廣場上，我們是遠來的異鄉人，卻也是最幸運的有緣人。我們短暫的廣場駐足，感受到的不只是比利時人對基督宗教的堅貞，也感同布魯塞爾人對歷史的不忘本。

雖然台灣也有媽祖遶境的遊行，廟方隊伍也是全副中國古裝，但濃到化不開的宗教氛圍，虔誠是唯一的舉措，若真要世俗化如歐門根盛會，信眾各個清服留辮，還要有人扮皇帝與王爺配合出巡，還真教人難以想像。

迄今，午夜夢迴，想起與歐門根慶典的美麗邂逅，仍教人難以忘懷。

北方威尼斯——布魯日

布魯日（Bruges）是每一本比利時旅遊指南必薦的景點，在於它保留了中古世紀的城鎮風貌，即使在工業革命的浪潮下，依舊未受到現代化與都市化的摧殘，因此，「古」也就成為布魯日最珍貴之處。

睡美人

十二世紀，布魯日是歐洲羊毛紡織業與布料貿易的集散地，也是歐洲最繁忙的商港，處處可見櫛次鱗比的富商豪宅，彼次爭奇鬥艷。

由於當地橫跨運河的橋樑多達五十多座，因此也被冠上Bruges之名，意即是「橋樑」。

「夕陽無限好，只是近黃昏」，布魯日的榮景到了十五世紀已是美人遲暮，逐漸淤積的運河，導致商船無法運行，如同台灣一府二鹿三艋舺的晚年滄桑，良港不復在，商船也遠去，過去繁榮一時的盛景，徒留追憶。

此後，布魯日就像被施了魔咒的睡美人，時間就凍結在最輝煌的十五世紀，直到二十世紀末才被喚醒，但歲月不曾在她身上留下一絲風霜皺痕，僅褪去了她過分的俗艷，讓她落得芝蘭脫俗、爾雅大方，令眾人傾倒。

比利時觀光局看準布魯日的觀光潛力，數年來，傾全力行銷布魯日，二千年更成功將布魯日舊城區的歷史中心列入聯合國教科文組織世界遺產之項，使得布魯日名聲如日中天，各國觀光客莫不趨之若鶩。

殺手沒有假期

坦言之，我們對布魯日的印象，其實來自三、四年前由英國馬丁麥克唐納（Martin McDonagh）所編導的黑色喜劇片——「殺手沒有假期」（In Bruges）。

乘船遊布魯日，感受當地的中古世紀風情。

布魯日的鐘樓，不但是遊客必遊的景點，更是電影「殺手沒有假期」的重要場景。

雖然片名的中譯是「布魯日」，電影也在布魯日取景，但劇情卻和布魯日予人的印象格格不入，甚至存在強烈反差。

原本如夢似幻的布魯日，片中竟是老大決心清理門戶、送年輕殺手最後一程的墓地。理該感念老大賜他在布魯日美境中安祥辭世的年輕殺手，偏偏恨透布魯日的悠閒步調，辱之為shit hole。照理要替老大執行冷酷殺戮的老殺手，反倒迷戀起布魯日之美，冷血也轉溫情，遲不肯動手，逼得老大必須親自出馬。

最後，當老大舊地重遊，回到他兒時最喜愛的布魯日，老殺手還以為布魯日會喚醒老大的悲憫之心，未料開口閉口依舊是滿嘴F級穢言，目無王法地沿街追殺年輕殺手，染得古城腥血風雨。

殺人的齷齪，已與布魯日如詩如畫的形象相差萬里，編導卻又繼續在片中變本加厲，安排了從阿姆斯特丹紅燈區到此賣淫的風塵女子、充滿種族歧視意識的侏儒演員、藉仙人跳打劫旅客的不良份子等社會邊緣人，不倫不類地在布魯日來個大雜燴，一同譜出既荒謬又令人發噱的「殺手沒有假期」。

然而，欣賞電影時，觀眾不絕於耳的笑聲中，布魯日居民其實笑得很尷尬。

當布魯日居民剪票入場時，他們以In Bruges為榮，欣喜主要演員大有來頭：飾演年輕殺手的是大家熟知的柯林法洛（Colin Farrell）、老殺手是曾在「哈利波特」飾「瘋眼穆敵」一角的布蘭登格利森（Brendan Gleeson）、而老大正是演「哈利波特」大反派——佛地魔——聞名的雷夫范恩斯（Ralph Fiennes）。放映時，他們尚且幻想「終於有電影行銷布魯日之美，配合電影公司拍攝總算有了回饋」，最後，卻在影終人散中破滅。

片中不但沒有中世紀的騎士與公主、沒有現代版的浪漫愛情故事，就連古城的夢幻形象也闕如，留下的，只有英國的黑色幽默——損人、揶揄與嘲諷，以及在背後偷偷竊笑的編導。

布魯日追影

「殺手沒有假期」的評價兩極，有人厭之，但也有像我們一樣的喜好者，堅持要眼見為憑，非踏上布魯日一探究竟不可。

今日的布魯日，頂著世界遺產的光環，就算我們刻意挑非假日到此一遊，依舊是旅客如織、人滿為患，比起十五世紀繁榮的商港盛況，應是有過之而無不及。人們走在這百年古城，遙想十五世紀的流金歲月，多為之癡迷傾醉，唯獨我倆，眼中只有電影出現過的場景。

——站在世界遺產的市場廣場上，也想學雷夫范恩斯爆個粗口耍老大，凜然地將柯林法洛一槍斃命。

——乘遊艇穿梭曲折蜿蜒的古運河，想著老殺手沉浸河岸風光、卻總是被年輕殺手潑冷水的尷尬畫面，只能強忍不大笑出聲。

——走進融合羅馬與哥德式的聖血禮拜堂，將自己想成熱衷文藝的布蘭登格利森，像考古般細研堂內的一磚一瓦。

——走上中古世紀老鐘樓，狹窄的曲梯還得手腳並用，才相信柯林法洛譏美國胖遊客是肥到上不了樓，所言不虛。

——三百多階石梯上的樓頂，老大對決老殺手的現場，不知是否還留著血跡？

在布魯日，眾人美哉如斯的讚嘆中，若還看得到隱含深意的竊笑，別懷疑，他其實和我們一樣，都在「In Bruges」。

薯條大不同

台灣以「米」作為補充澱粉的主食，但歐洲緯度高、氣候寒涼，「馬鈴薯」反而容易栽種。自十六世紀西班牙人從南美洲引進歐洲後，儼然成為歐洲的主要糧食作物。雖然馬鈴薯在歐洲餐餐可見，但不管是糊狀的馬鈴薯「泥」，還是水煮的馬鈴薯「塊」，生活中最常見的還是「炸薯條」。

荷蘭肥薯

一提到「炸薯條」，很容易讓人聯想到，台灣速食店裡從油鍋撈出來的油亮、金黃、又香脆的細長炸薯，裝在小紙包中，作為漢堡或炸雞餐的副食，吃的時候是一根根沾著番茄醬入口。

荷蘭巨無霸級的薯條筒上淋著美乃滋，是歐洲特有的吃法。

然而，淮橘為枳，歐洲的薯條既作為主食，台灣式的秀氣吃法可就免了，大咀大嚼才是歐洲吃炸薯條的王道。

當我們遊歷荷比盧時，處處可見炸薯條的小吃攤，每份薯條都是特大包，荷蘭阿姆斯特丹更有堪比爆米花桶的巨無霸薯條筒，價格差不多是台灣的一個便當價，但薯條的厚度卻是一般速食店的二倍，大把大把抓起「肥薯」狼吞虎嚥，痛快至極，唯一讓人煩惱的是，吃不完怎麼辦？

比利時脆薯

廣受大眾喜愛的炸薯條，英文為French fries，許多人因此誤以為它源自法國，事實上，薯條應該來自比利時。

在比利時用餐，搭配主菜的餐點，多是炸薯條，吃不夠還可以免費再續，就連比利時家中，也都有專門炸薯條的機器，好似台灣煮飯有專門的飯鍋一樣。薯條，已是比利時人生活不可或缺的主食。

比利時人不但愛吃薯條，也有獨到的炸薯秘訣，相形於荷蘭肥滋滋的胖薯條，比利時薯條外型較精實，口感更香酥，關鍵就在於薯條的油炸過程中，比利時人堅持油炸二次，將薯條徹底脫水，讓薯條外皮更加金黃酥脆。

那獨到的口感，至今仍令我們記憶猶新，可惜台灣的炸薯條無一可以比擬，我們只能在夢中回味。

歐洲美乃滋

歐洲炸薯條的獨特之處，除了在於薯條的大小與口感外，就連沾醬的種類也不一樣，歐洲盛行淋美乃滋來吃薯條，完全顛覆了在台灣只沾番茄醬的習慣。

初聞歐洲人的特殊吃法，誤以為歐洲的「美乃滋」與台灣早餐店用來抹三明治，那油亮脂黃、味道甜膩的廉價醬糊相仿，天真地認為歐洲人流行吃「甜」的炸薯條，豈知大錯特錯，歐洲人的美乃滋是鹹中帶點酸甜，味道像是起司醬，口感相當濃郁綿密。

對於迷戀乳酪之濃醇香的歐洲人而言，薯條配美乃滋是人間極品，就連在麥當勞與肯德基等速食餐廳，只要餐點裡有薯條，就一定會同時附上番茄醬與美乃滋二種醬包，供人搭配。

初次嚐鮮的我們，美乃滋的鹹甜滋味，起初的確讓我們讚不絕口，薯條一根接一根，欲罷不能，但半桶下肚後，炸薯條的躁熱，加上美乃滋的油膩，反讓我們口乾舌燥、火氣上身，回程路上猛灌開水，就怕因此被瀝成人乾。

比利時最鮮的淡菜

最能代表比利時的國菜，非「淡菜」莫屬。「淡菜」非蔬菜，而是一道貽貝料理。該貝類外觀像是大顆的海瓜子，時常附著於岸邊石壁上，由於本身生長在鹹水中，肉質帶有海鹽味，料理時不需要特別加鹽巴，就能享受到鮮甜的滋味，是一道看似清淡的菜色，因此又被喚作「淡菜」。

貽貝絕非比利時的特產，在台灣的新北市、高雄、嘉義沿岸一帶都能看見，是漁港相當普遍的海產，因此早期比利時人食用淡菜的多屬中下階層，後來才逐漸成為普羅美食。

只是，台灣傾向將貽貝搭配醬油與九層塔，放入油鍋中爆香快炒，比利時則喜好將貽貝置於鍋釜，加入少量白酒、奶油、芹菜等燜煮，待貽貝的腥味盡去，淡菜的鮮甜海味自然盡現。

台灣淡菜是以「盤」計的爆香快炒，而比利時淡菜則以「鍋」計的奶油燜煮，份量多到吃不完。

這一道令人食指大動的風味美饌，在抵達比利時的第一天傍晚，我們就迫不及待地趕去解饞。

一到餐廳，我們馬上掏出準備好的法、荷、英文字卡：Moules（法文）、Mosselen（荷文）、Mussels（英文），一副「給我淡菜，其餘免談」的餓鬼樣。

服務生見怪不怪，「人要淡菜，他淡定」，制式地翻開菜單，慢條斯理地介紹起淡菜。原來，淡菜還因料理的方式不同，而有茄汁、奶油、啤酒等口味變化。

我們點的是經典的「白酒蒸貽貝」，一鍋台幣八百元，起先打算二人共享，可是服務生卻一臉疑惑「Are you sure? That's quite small.」，雖然半信半疑，但偏偏那天我們只吃過一頓早餐，飢腸轆轆，哪禁得起美食的誘惑，二話不說「再來一鍋！」

熱騰騰的淡菜甫一上桌，撲鼻而來的鮮氣讓人食欲大開，我們左右開弓，直接把貽貝當飯扒，一顆接一顆地俐落剔殼，大快朵頤，仿若饕餮再世，誓不爆胃，死不休已。

本來還自忖著「要是吃不飽，回程再買麵包。」未料，看似黝黑不起眼的淡菜鍋，份量卻是「黑矸仔裝醬油，沒底看」。鍋未見底，我倆就已投降，更別說旁邊還有一籃絲毫未動的薯條附餐。

事後證明，一人一鍋的淡菜量，實在太多，要不先前的服務生太高估我們，就是比利時人各個都是鯨魚胃。

一頓下來，我們把後半輩子「想吃、會吃、不吃」的淡菜全部都吃光了，回國至今，每每看到貽貝，我們一律搖頭敬謝、苦笑回絕，深怕再次被淡菜給淹沒，彷彿得了「淡菜恐懼症」。

雄偉的英國國會大廈，是民主議會的最高殿堂。

英國倫敦

英國倫敦札記

七月八日（五）

◇ 晚上六點半，我們已到比利時布魯塞爾南站，準備搭乘八點的歐洲之星（Eurostar），慶幸我們有事先預留一小時作緩衝，才有充欲的時間應付英國海關的盤詢。

◇ 晚間九點零三分，歐洲之星準時抵達英國倫敦查令可羅斯車站，分秒不差。

◇ 英國倫敦行程：走出查令可羅斯車站，該站緊鄰國王十字車站，而我們的旅館就在國王十字車站的對面街巷，走幾步即可入宿，地點佳，早餐自助又豐富，唯獨這裡的房間設備陳舊，服務也不盡理想，為了省錢，我們也只能將就。

◇ 隨筆：英國拒絕使用歐元，歐元在英國無用武之地，英國人只認英鎊上的女王頭，特立獨行。

七月九日（六）

◇ 「工欲善其事，必先利其器」，先在國王十字車站購得Oyster地鐵悠遊卡，再轉往大英旅客中心領預購的倫敦通行券和大英遺產券。

◇ 溫莎行程：首站前往倫敦聖保羅教堂，後到Waterloo車站乘列車前往英王的溫莎古堡，參觀聖喬治教堂、娃娃室和宮內半數的展示間。傍晚回倫敦，不忘到泰德現代博物館，接受現代美術的洗禮。

◇ 隨筆：隸屬英國皇室的溫莎古堡，是少數能一窺皇室生活面貌的皇家重地，堡內不少謝絕參觀之處，仍保有皇室的神秘。

七月十日（日）

◇ 倫敦通行券開卡第二天，善用通行券的pass優勢，不放過任何可以免費參觀的景點。

◇ 泰晤士河行程：沿泰晤士河畔，造訪倫敦塔和倫敦塔橋，並搭乘每站停靠的水上巴士，西行至格林威治，到山丘上的格林威治天文台橫跨本初子午線，同時置身東西兩半球。晚餐，表姊為我們接風洗塵，難得「異鄉遇親友」，人生一樂也。

◇隨筆：倫敦塔，曾是多位英國皇宮貴族的喪命之地，惡名昭彰。堡內烏鴉不少，既碩又大，在我們眼中那是惡兆，但英國人卻視之為「吉祥物」，傳說塔內烏鴉一旦消失，皇室也將滅亡，所以烏鴉在這裡可備受禮遇呢。

七月十一日（一）

◇今晨的大事就是「移宿」，改住到維多利亞車站旁的華人旅館，終於可以脫離先前旅館老舊的夢魘。移宿前，特地到國王十字車站，覓尋哈利波特小說中的九又四分之三月台，沒想到碰到該月台進行維修工程，權宜之計，只能靠大門旁的「九又四分之三月台」大圖輸出過乾癮。

◇皇家行程：抬著笨重行李，千辛萬苦才完成移宿，旋即趕往白金漢宮觀看一天一次的衛兵交接盛會。結束後，東行到聖詹姆公園，再到安葬多位皇室成員和歷史名人的西敏寺。最末，與著名國會大廈及大笨鐘合影留念。

◇隨筆：華人旅館的設備比前一間旅館好，且位在高級住宅區，環境相當清幽，只是客房一位難求，我們第一天只預訂到小雅房，必須和其他房客共用衛浴，雖然克難，但好處是一晚便宜16英鎊（約莫台幣八百元），不無小補。

七月十二日（二）

◇ 為期三天的倫敦通行券已於昨日善用完畢，今日起，改參觀免門票的國家級博物館，或遊通行券未涵蓋的私營收費景點。

◇ 大英博物館之旅：位於巷弄內的大英博物館，收藏之豐，竟讓我們欲罷不能地參觀了五個小時，佔去了大半原先要到柯芬園市集閒逛的時間。晚上，皇后戲院（QUEENS THEATRE）的悲慘世界歌劇，劇情實在賺人熱淚，永生難忘。

◇ 隨筆：倫敦被譽為全球戲劇中心，能親臨現場感受悲慘世界的音樂劇魅力，實在三生有幸。由於我們在事前已詳查過劇情，因此就算不懂英文對白，依然能從演員的姿體動作中掌握故事起伏，感同主角尚萬強在拿破崙垮台後的動亂年代，經歷社會上的種種無情磨難，嘗盡人生無數的悲歡離合。幕落，我們依然沉浸其中，久久無法自拔。

跨海高鐵——歐洲之星

我們的歐洲之旅從法國開始，逆時針浪跡盧森堡、荷蘭和比利時，現在終於要前往最後一個國家——英國。

地圖上，法國與英國隔著英吉利海峽相望，兩地最狹窄處僅寬34公里，但一直要到一九九四年歐洲之星開通後，才由海底的高鐵隧道，串起了兩國的首都，消彌了地理上的阻隔，方便了往來英法的旅客。

歐洲之星屬於鐵路運輸工具，沒有行李拖運的問題，行李都是跟著乘客一起上車，所以通關的流程比機場簡單許多，只要旅客身上沒有任何銳利金屬，行李內無任何疑似爆裂物，就算隨身攜帶礦泉水和飲料，依然可以順利過關。

較費事的，只有英國海關的盤詢了。

同樣是搭乘跨國高鐵，往返屬於歐盟國家的法盧荷比等國，不但沒有通關問題，也無警察臨檢護照。不意，與歐陸隔著英吉利海峽相望的英國，通關前不單要填寫入境卡，詳述個人基本資料與旅行目的，還要經過英國海關人員的一番冷言盤問，對於出入境管控相當嚴格。好在我們提早了一小時報到通關，不然在英國海關的折騰下，我們只能眼睜睜看著歐洲之星揚長而去。

我們久聞「歐洲之星」的大名，尤其二〇一〇年冰島火山爆發，火山灰佈滿整個歐洲航行領空，所有班機被迫停飛，唯獨歐洲之星還能載客如常，成為英國與歐陸之間的唯一交通聯繫，盛譽不脛而走。

初見歐洲之星，純白的車身，鑲上鵝黃的側邊，消融了原本的鋼寒鐵凜，鐵漢不再怒不可犯，柔情更顯於內在。

車廂內寬大的行李鐵架，以及座位上頭亦可放置小行李的貼心安排，輕了旅人的雙肩，緩了緊繃的身心，是我們見過最體恤旅客的高速鐵路。

又目前歐洲之星已延伸到比利時布魯塞爾，我們由此出發到英國只消二個半小時，停靠的車站又盡是英、法、比等國首都，省下的不只有時間，還免去機場

歐洲之星穿越了英吉利海峽，將英法兩國緊密相連。

出入境後的轉車及接駁之勞頓，難怪歐洲之星是班班座無虛席、廂廂滿溢乘客。

當歐洲之星長驅之際，實在無感於比利時距離英倫之迢遙，就連二十六分鐘的英吉利海峽海底隧道，也只見窗外地平線的消逝與重現，夕陽從黑漆的隧道中再現餘暉，渺無聲息中，英倫的聖潘克勒斯車站已悄然到站。

此間的祥和靜謐得來不易，畢竟，這是英法近世紀才有的和解與合作，彼此盡棄前嫌，化干戈為玉帛，將百年來恩仇一笑泯之，令昔日的齷齪與敵視，隨著海底隧道埋藏於深海中。

時下的歐洲之星，代表的不僅是現代科技的進步，還有世人對和平的追求與維繫。未來，願有這麼一天，世上亦會有亞洲之星、非洲之星、美洲之星，甚至是全球之星，共持世界的大同。

倫敦不美，卻耐人尋味

一九九九年興建完工的倫敦眼，是當年世界最高的摩天輪，聳立於泰晤士河畔，與雋永的英國國會大廈對望，自此成為鳥瞰倫敦市容的最佳高點，開幕以來，人潮紛沓而來，與巴黎鐵塔的排隊盛況，有過之而無不及。

當世人如潮水般湧向巨輪，聖保羅大教堂——在尚未有倫敦之眼的年代，提供遊客眺望倫敦的勝地——早被喜新厭舊的遊客所遺忘。

如今，聖殿回歸它應有的莊嚴與隆重，雖然教堂的高度略遜於倫敦眼，但比起摩天輪那刺眼的玻璃與冷冰的鋼架，教堂則多了些歷史餘溫，這也是我們特別偏愛這兒的原因。

尋著聖保羅大教堂的階梯向上，我們並不感到寂寞，因為這裡有太多的雲煙舊事值得細數。

從聖保羅大教堂上眺望倫敦，望眼所及，多的是現代化的高樓大廈，少的是歲月沉澱出來的歷史厚度。

回首前塵，教堂的歷史可以追溯到一千多年前由盎格魯薩克遜人所建，但興建後接二連三地遭受外侮毀壞，尤其一六六六年的倫敦大火，更將教堂燒得面目全非，就算整建重修，二戰期間依然躲不過德國納粹的無情轟炸，命運多舛，卻又愈挫愈勇，至今仍是傲骨嶙峋、崢嶸挺立。

在英國人們心中，聖保羅大教堂像是歷劫勝返的戰士，最能彰顯英國不屈不饒的精神。因此，曾率領英國擊退法國戰艦，並粉碎拿破崙侵犯英國之野心的英雄——納爾遜，最適合在此長眠，與這座浴火重生的教堂相互輝映。

只是，戰場的鬥士往往不耐兒女情長，談起似水柔情反而蹩腳。在此見證婚事的查爾斯王儲與黛安娜王妃，就是錯把聖保羅大教堂當作愛情見證，反而離婚收場，不堪回首。

幽暗的歷史階梯，終於走到了盡頭，一個跨步，耀眼的晨光，綻放著倫敦的光芒，現代化的繁華市容，就展現在我們眼前。

乍見倫敦的市容全貌，眼前的景緻雖然新奇，卻未令我們心動。也許是被浪漫巴黎寵壞了胃口，我們念念不忘巴黎的美——大道對稱有序，建築力求齊高平整，以及老房舍散發的陣陣典雅清香。

相形之下，倫敦街巷盤根糾結，建築高低錯落，古蹟始終沉沒在高聳的水泥叢林中，亂無章序，令我們有些失望。但回頭一想，倫敦市容的無序，不也代表著它尊重多元與包容異己的雅量嗎？

巴黎的都市發展，背後總有一隻強而有力的王權之手，從路易十四、拿破崙到拿破崙三世，帝王的一道口諭，凡爾賽宮於荒蕪中起華樓，凱旋門只為歌謳皇帝之軍功，甚至巴黎的都市更新，也是在御筆的擘畫下定了格局。

巴黎的秩序，到頭來盡是王權的延續，崇高君權的表彰。

反觀倫敦，這老牌的內閣制民主國家，王權與議會之間是天平的兩端，政策是彼此衝突與妥協的折衷結果。倫敦的都市再造，不免要以民意為依歸，威權下的「秩序」並不適合倫敦，民主的自由與多元才是它的代名詞。

如此一來，巴黎的秩序，雖然讓人終身難忘，但倫敦的多元，卻又耐人尋味，兩者各有千秋，還真難分高下。

英國皇家風潮

歷史上，從來沒有一個國家的皇室，可以像當今的英國皇室一樣，享譽國際、寰宇皆知。

人們可能不知道西班牙、瑞典、丹麥、甚至我們的邦交國史瓦濟蘭等都有皇室，但一定識得英國皇室；人們不一定記得鄰近日本天皇和泰國國王的名字，卻一定知道地球彼端的英國女皇——伊莉莎白二世，以及他兒子查爾斯王儲與前黛安娜王妃的離婚八卦；人們深知灰姑娘的故事只是童話，但英國威廉王子與平民凱特在二〇一一年的世紀婚禮，仍然圓了世人的兒時童夢。

當今，英國皇室的形象早已深植人心，甚至是世人眼中的皇家樣板。

君不見，古往的英王事跡，常是教科書必載的歷史，甚至是電影和電視劇最愛發揮的題材：於「都鐸王朝」影集識得亨利八世、從「伊莉莎白」電影中看見英

▎杜莎夫人蠟像館內的伊莉莎白二世及其夫婿之蠟像。

國霸權的崛起、由「王者之聲」裡的結巴國王——喬治六世——開啟近代英國皇家史的新頁。

今日的英國皇室行蹤，從公開的外交出訪之國際行儀，到私密如新婚王妃的天體日光浴，都是鎂光燈追逐與跟蹤的焦點，足為世界各大報章媒體的頭條新聞。

然而，英國皇家風潮的興起，不過是近世紀的事情。

早期大不列顛島國地處歐陸邊陲，在當年法國太陽王路易十四眼中，那是塊化外之地，英王地位只及諸侯，既蠻荒又缺乏文化，想入流，還得向法國學習禮儀，以法語對談才高尚。

孰料，「此一時、彼一時」，百年後的時代巨輪，竟悄悄地向英國遞進。十九世紀的英國先受工業革命的洗禮，成為第一個工業化國家，後拜帝國殖民的豪取強奪，榮登「日不落國帝國」的巔峰，控制世界四分之一土地、三分之一人口，使得當時的英國君王——維多利亞女皇，不但是英國的最高象徵，亦是海外眾多殖民國的共主。

如今，帝國輝煌的一頁已謝幕，殖民地也脫離英國統治，但英國的伊莉莎白二世女王仍是大英國協——加拿大、澳洲、紐西蘭、印度、牙買加等五十四個曾為英國殖民地的國家——之精神領袖，備極尊榮。

英國皇室，依然是日不落的傳奇。

白金漢宮禁衛軍

每年到英國一睹王室風采的觀光客不計其數，除了倫敦塔、溫莎古堡、西敏寺、聖保羅大教堂等可鑑往英王遺風外，作為當今皇室居所的白金漢宮，更是必訪的景點。

雖然皇宮不對外開放，民眾只能隔著柵欄遠觀，但每天上午十一點半的英國皇家禁衛軍之交接儀式，卻最能感受到當今溫莎王朝的聖嚴。

往往時間尚早，宮外就已萬頭攢動，洶湧的人潮將宮前的維多利亞女王紀念碑圓環擠得水洩不通，深怕錯過這一次，又得等明天了。

類似的交接儀式，台灣也有，只是憲兵取代了禁衛軍隊。

台灣的民主紀念堂或國父紀念館內，每到憲兵交接時刻，亦是擠滿好奇的觀光客，團聚在挑高的蕩然館間，面對巨大必須仰觀的偉人銅像，聽聞憲兵重踏在冷冰大理石上的迴盪聲響，步步讓空氣凝結出嚴肅不可侵的威勢。

眾人大氣不喘，按快門也特別小聲，深恐一滴輕微的聲波，會在無形的冷冽肅穆中，反彈出刺耳的回音，令人不寒而慄。

憲兵準確地操演著不知練過幾百回的口令與動作，一舉一動不帶絲毫贅累，迅速確實地完成交接，威武雄壯的挺拔儀姿，莊敬自強的從容態度，彰顯的正是台灣的國威。

但是，若將台灣憲兵交接的規模，直接套用在英國禁衛軍身上，那可就大錯特錯了。

英國皇家禁衛軍的龐大陣容，豈是台灣屈指可數的小巧矩陣可比擬。英國禁衛軍是以「隊」計，列隊行進的步伐齊一，非但有聲勢震天的軍樂陣容和昂首闊步的軍槍部隊，更有威風凜凜的騎兵軍團睥睨群倫。

整場約莫四十分鐘的交接典禮，近似一場皇家禁衛隊的表演秀，既講究皇家的尊榮排場，亦展現禁衛軍團的嚴明紀律，陣仗和氣勢之盛，令人對英國皇

想搶到觀賞白金漢宮皇家禁衛軍交接儀式的好位子，就一定要提早到。

家肅然起敬。即使交接完成，禁衛軍們的健步餘音，依舊在我們耳畔繚繞，久久不散。

英國禁衛軍交班儀式大開了我們凡夫俗子的眼界，拉近了我們與皇室間的距離，但神龍見首不見尾的英國女王——伊莉莎白二世，依舊是我們「最熟悉的陌生人」，即便白金漢宮就在眼前，想見她一面，仍是癡人說夢，倒不如翻看皮夾裡的英鈔女王像，尚聊慰藉。

大英博物館

常言道：「佛要金裝，以顯其法相莊嚴；人要衣裝，以表其儀容端莊。」至於一個國家，又該如何裝著，以彰其歷史之悠久、以展其文化之典雅呢？

答案是——博物館。

博物館最能看得出一個國家的文明內涵，好比羅浮宮之於法國、故宮博物院之於台灣、冬宮之於俄羅斯等，走一趟，就能一瞭該國的文化底蘊，一窺國民的千年品味，一測國史的深度與廣度，因此，每回遊歷異國，國家級的博物館都是我們必排的行程。

藏品爭議

英國，歷史上第一個工業化國家，又是十九世紀到二十世紀初的世界霸權，殖民地橫跨歐亞非等地，因

▍大英博物館的希臘式建築外觀，內斂沉穩、隱而不彰，可是館內卻收藏了來自世界各地的奇珍藝寶，且入館完全免費。

此，與之輝映的「大英博物館」，其收藏（或搜刮）亦是「日不落國」級的廣博與豐富。

大英博物館的收藏中，真正從英國出土的古文物甚少，多是來自古埃及、古希臘羅馬、古西亞、古亞洲、古中南美洲等文物，年代遠可追溯到古文明的開端、近則連綿到當今二十一世紀，藏品多達七百萬件，尚有大批收藏，因空間限制而未能展出，規模恢弘，稱得上是是大英帝國的巔峰再現。

我們理所當然地將大英博物館與法國羅浮宮相互連結，想像大英博物館也是貴氣逼人，一眼就讓人傾心。熟料，事與願大違，大英博物館前沒有氣派的康莊大道，館區隱身在尋常的街坊巷弄中，外觀復古的希臘神廟造型，內斂應有的光芒，完全不見世界級博物館該有的大器，出乎意料。

有人揶揄「那是大英博物館不得不然的『低調』」，大英博物館雖名「大英」，但多數古物卻是從世界各地收購來的珍品、或是戰爭中強取豪奪的戰利品，至今仍有許多古文物的原屬國，不斷地想從英國手上追回遺失的國寶，博物館內的二大鎮館之寶——埃及的羅賽塔石碑和希臘雅典帕德嫩神廟上的大理石雕刻，雙雙都是遭人非議的收藏。

埃及羅塞塔石碑

大英博物館的鎮館之寶——埃及羅塞塔石碑，碑上同時以埃及象形文、埃及草書與古希臘文來書寫記事，因此當埃及文不幸失傳，憑著古希臘文所提供的關鍵線索，相互對照釋譯，竟然成功解開埃及文字的謎團，也讓這塊石碑聲名大噪。

該石碑的身世曲折，曾在拿破崙佔領埃及期間成為法國的囊中物，後來卻因為英軍大敗拿破崙軍隊，羅塞塔石碑易主，成為英國在英法戰爭中的戰利品，從此收藏在大英博物館中。

現今，埃及文字的謎團已被破解，但作為解開埃及文字的跨時代「里程碑」，紀念意義更甚於往昔，每年吸引數以萬計的人潮，爭相目睹這塊石碑的廬

埃及羅塞塔石碑是解開古埃及文字的金鑰。

山面目，羅塞塔石碑的周邊商品依舊炙手可熱，為博物館賺進無數商機，就算埃及政府百般索討，大英博物館依然無動於衷。

帕德嫩神廟的浮雕

另一個爭議性的古藏品，就是希臘雅典帕德嫩神廟的大理石浮雕。

興建於西元前五世紀的帕德嫩神廟，為古希臘的藝術顛峰傑作，可惜歷代戰火不斷，神廟多次挪作天主教教堂、清真寺、火藥庫、營舍等他用，遭受無盡的人為破壞、摧殘與掠奪。

十七到十九世紀間的歐洲考古熱潮中，帕德嫩神廟更成為劫掠者眼中的奇貨。現下大英博物館內的神廟雕像，就是一八〇六年英國湯瑪斯．布魯斯所運走，並於一八一六年轉賣給大英博物館的。

象徵著希臘輝煌盛世的帕德嫩神廟雕像，依然述說著千年流傳的眾神故事，只是希臘雅典的故鄉一去不復返，曾經教人仰望敬賞的神廟眉宇，竟淪為遊客玩

希臘帕德嫩神廟的雕像，歷經數世紀的人為蹂躪，最後由大英博物館典藏，成為館內的鎮館珍品。

賞的稀世藝品，昨是今非，神仙也墜凡塵。

目前位在希臘雅典的帕德嫩神廟遺址已殘敗不堪，徒留空蕩蕩的石柱群，不復往日的光彩，希臘政府雖然積極想要回這批流落異鄉的先民遺物，但英國自居保存古蹟功不可沒，若非當年大英博物館的傾力維護，又如何能將古希臘神廟雕飾重現在當今世人面前？

至此，英國與希臘兩造各執一詞，始終僵持不下，古物爭議依然無解。

大英博物館之氣度

大英博物館的館藏之歸屬，長期存在爭議，有人因此譴稱大英博物館為「戰利品」收藏館，質疑英國獲取古物的手段不公不義。

面於這些批評，大英博物館並不以為忤，仍舊將全數館藏珍品開放給民眾免費參觀，任何來到大英博物館的遊客都不必購票，所有館藏都任由人們免費共賞、恣意合影留念，館內只提供樂捐箱，歡迎自行奉獻，所以，大部分的藏品之保存與維護工作，還是由英國政府一肩扛起，這種不為營利、不為藏私，博物館為全人類共享的理念，正是為世界級博物館的氣度。

我們以為，大英博物館的樸質外貌，並不是宵小竊物後所作的遮羞，而是智者曖曖內含光的謙遜，它具備的世界級博物館之風範，始終不會因他的外觀而有所減損。

就算有一天，羅塞塔石碑回到了埃及、帕德嫩神廟雕像歸還了希臘，大英博物館作為世界級博物館的地位，仍然無法被撼動。因為，大英博物館不過是專攻古物收藏的其一機構，尚有從中分支出去、收藏古今中外生物標本達七千萬件的自然歷史博物館，以及坐擁一億五千萬冊書籍與手稿的大英圖書館，三者廣義為大英博物館的範疇，鼎足成為人類有史以來氣勢最磅礡的古文明收藏群，世間無人能出其右。

無盡藏

若說法國巴黎是以羅浮宮、奧賽美術館、龐畢度中心等，構成的貫穿古今的藝術史詩，是後人追崇人文藝術之美的聖域，那英國倫敦的大英博物群，則是穿梭時空的文明歷史之再現，為考古學、人類學、民族學、生物演化學等研究者提供了最完整的研究寶庫。

成立於西元一七五三年的大英博物館，歷經逾二個半世紀的發展，將分散於不同地域、發生於不同時代的人類文明，同時置於相同的時空軸，博物館為世界古文明的縮影，一次覽盡人類文明發展的風華，足以是「世界古文物之聖殿」。

大英博物館的建築結構，本來就是為展示收藏品之用，所以內部不但有著明亮寬敞的圓形穹頂，各展間的動線也井然有序，不至於像羅浮「迷宮」般，總要耗費不少時間在辨位識路。而且，館內貼心地提供中文版的導覽器，少了語言的隔閡，更能盡興賞析各件文明古物。

猶記得我們與大英博物館的第一次結緣，是在二〇〇七年的寒假，當時大英博物館二百五十年收藏展正好巡迴來到台灣，造成全台灣的轟動，三個半月就吸引近五十萬參觀人數，我們就在人山人海中，見識到大英博物館的魅力。

事隔三年，真正到大英博物館朝覲，才發現彼時來台的二百七十一件展品，不過是博物館館藏的「零頭」，真正館內的展品是以萬計，不但琳琅滿目，更是無奇不有。

館內，古埃及的千年木乃伊安然地躺在專屬的展示櫃中、古希臘的陶罐上還述說著神話故事、阿茲特克人的綠石面具依舊泛著神祕的光暈、太平洋復活島的巨石像一樣靜默不語，我們再熟悉不過的中國古物也悄然入列，西周青銅器、唐代三彩陶偶、明清龍紋瓷器等，繞了半個地球後，再次與我們異地相認，只有面面相覷兩無言，嘆問今夕是何夕。

大英博物館的珍藏品，量博大、質精深，地域可橫跨五大陸地，時間可串聯史前與現代。像我們在大英博物館的時間只有一天，能停留在每件古物上的時間有限，往往古物的圖像還來不及在腦海中沉澱，眼前又倏忽換過一物，跳躍式的速覽，只為了先圖「眼見為憑」，計畫回國後再慢慢查資料深究。

我們饒是在館內走馬看花，但一整天下來，也累得兩眼昏花、全身無力，唯有嘴角揚起的笑意，大呼過癮。平心而論，若有志透析各文物的來龍去脈，品味箇中的藝術美學，聆聽各時期的壯麗史話，那花個三天三夜也不夠，因為大英博物館足以讓人窮畢生心力、鎮日沉浸其中而無憾。

英國「沒」食

英國，歐洲大陸之外的海島，因著英吉利海峽的阻隔，與歐陸之間的關係若即若離，就連飲食也有極大的差異。

早餐的冷與熱

一般歐陸早餐以簡單冷食為主，如吐司、火腿、麥片、牛奶、罐頭水果等，多不供應熱食，甚至不含在住宿費用中，須另外加價。我們在法荷比盧的日子，早餐都是吃前一晚買好的乾糧，飲料就是泡自己帶的三合一咖啡，簡單自理。

但是，英國——尤其是英格蘭——情況剛好相反，不管任何等級的住宿旅館，住宿費大多包含一頓免費的早餐，早餐不但有熱騰騰的培根、肉腸、煎蛋、茄汁黃

典型的英式早餐，有烤土司、荷包蛋、培根、豆子和一杯濃茶。

豆、烤吐司，還有咖啡或英國茶可供選擇，極其豐盛，因此我們在英國期間，名義上是吃早餐，但卻是連中餐的量也一併吃下肚，能多賺一餐是一餐。

別以為這是自助旅行能省則省的節儉美德，事實上，那是出自英國「沒美食」的無奈。

kill the fish twice

到英國前就曾聞，若歐洲人要暗諷一個人不懂得作菜，就調侃他「cook like British」，煮得像英國人一樣平淡無味，而實際上也的確如此。

炸魚和薯條（Fish and Chips）是英國人最自豪的道地美食，舉凡介紹英國旅遊的書籍，都會推薦這道美味料理，沒吃到就像沒到過英國一樣。

我們特地按圖索驥，到倫敦最受歡迎的炸魚薯條店，一嚐滋味。可是，當我們咬下第一口熱騰騰的炸魚排時，味蕾有灑上胡椒的鹹味、有淋上檸檬的酸味、有熱鍋油炸的香酥，就是沒有魚味，即使我們一個點鱈魚排、一個點比目魚排，

把魚殺二次的英國名菜——Fish and Chips。

咀嚼起來，味道都如同白紙，毫無魚肉的鮮甜。難怪這道英國名菜，被歐洲人揶揄為「kill the fish twice」，第一次取其命，第二次取其味，剩下只是不似魚肉的「魚肉」，能吃的大概只有配菜——薯條。

撇開味如嚼蠟的炸魚不談，還能稱得上英國傳統美食的，大概只剩下十八世紀英國三明治伯爵發明的「三明治」，但歷史上只聽過三明治製作簡單，好方便三明治伯爵一邊玩橋牌、一邊取用，倒沒聽說過它有多美味。

比來比去，英國美食就是「沒食」，竟是找不出能與法式料理、德國豬腳、義大利披薩等齊名的餐點，反倒是早餐還有些看頭，所以來英國，別忘記，早餐能吃多少就吃多少，因為它才是美食。

倫敦近郊

左邊宏偉壯觀的建築，是劍橋大學國王學院裡的禮拜堂，從一四六六年開始，耗時七十年、歷經四代君王才完成的哥德式建築傑作。

倫敦近郊札記

七月十三日（三）

◇ 乘坐已先訂位的National Express客運，抵達目的地劍橋。

◇ 劍橋行程：先乘平底舟遊康河，眺望岸上古老的國王、皇后、三一及聖約翰學院，後購票入國王學院參觀，追尋徐志摩的足跡。傍晚回倫敦，漫步海德公園，心曠神怡。

◇ 隨筆：曾是1851年萬國博覽會會場的海德公園，面積廣達1.4平方公里，放眼望去，綠海無垠，稱之為「公園」，不如說是「牧場」會更恰當。

七月十四日（四）

◇ 今天正式啓用連續八日的大英國鐵券（British Rail Pass），搭鐵路遊英國。

◇ 巨石與巴斯行程：乘列車到蘇利斯貝里（Salisbury）後，轉搭當地客運到著名的巨石遺址（Stonehenge）。

午後，轉戰巴斯（Bath），參觀古羅馬的浴場遺址。晚上仍旅宿倫敦。

◇ 隨筆：信奉多神的古羅馬人，就連泡溫泉也有溫泉女神，人們會在鉛版上刻下詛咒文，投入溫泉中，希望女神懲罰偷竊六枚銀幣或青銅水壺之人，雖是芝麻綠豆的小事，卻是古羅馬人最真實的生活樣貌。

七月十五日（五）

◇ 我們的鐵道之旅，把火車當捷運搭，只是班次的時間不若捷運以「分」計，而是以「時」估，範圍更從原本的倫敦市，擴展為英格蘭大區域。

◇ 牛津行程：上午牛津半日遊，下午探訪英國東南方的伊斯特本（Eastbourne），閒步於海岸步道，遠望由古化石沉積而成的白堊斷崖，白淨無瑕。晚間，宿倫敦表姐家，暫放大行李，準備明天即將啓程的背包客北征。

◇ 隨筆：比較劍橋和牛津兩所老學府，我們一致認為，沿河畔興校的劍橋，以古橋相連各學院，最為浪漫。反觀牛津，雖學術味濃厚、圖書館雄偉，但徒以道路串連，連嘆息橋也建在馬路上，是我們見過最「乾」的橋了。

牛津夢遊

倘若你駐足在英國的時間只有三天，首都倫敦足以讓你體會英倫的經典與現代。可是，當你停留時間長達一周，那千萬不要錯過倫敦近郊的古老名校——劍橋與牛津，去感受英倫另一種儒雅與雋永之氛圍。

分居倫敦東西郊區的劍橋和牛津大學，成立於十二到十三世紀間，是英語系國家中的元老級大學，其中又以牛津最為古老，但我們到牛津並不獨是訪古，更多的是尋「夢」。

家喻戶曉的《愛麗絲夢遊仙境》作者——路易斯・卡羅——其實就是牛津大學的數學教授。當年，在一次與上司三位女兒一同出遊的路上，為消磨時間，不經意地以最年幼的女兒——愛麗絲為主角，杜撰出一連串不可思議的仙境冒險故事，這天馬行空的口述創作，沒想

牛津大學的基督教會學院，是《愛麗絲夢遊仙境》的作者——路易斯・卡羅——任教之所在。

到竟成為往後《愛麗絲夢遊仙境》的劇情，付梓後更是大受歡迎，就連古老的牛津學府也因此增趣。

參觀路易斯・卡羅曾任教過的基督教會學院，我們總幻想著樹下是否會衝出趕時間的兔子先生？忽隱忽現的微笑貓是否會在樹梢上與我們相視而笑？轉角間那場瘋帽子的茶聚是否還定期舉行？

甚至，有那麼一瞬間，我們還以為自己就是夢遊的「愛麗絲」。

再別康橋

劍橋大學的創立年代僅次於牛津大學，但劍橋沿康河規劃的校園格局，比牛津單調的平地樓閣，還來的詩情畫意，就連徐志摩也為之傾心。

依稀記得，中學課本上的徐志摩〈再別康橋〉，那語調輕柔、卻又帶著充沛情感的詩句，以「輕輕的我走了，正如我輕輕的來」引夢，又以「我揮一揮衣袖，不帶走一片雲彩」讓人回味無窮。徐志摩對康橋的無窮眷戀，百年來深植人心，泛起無限的漣漪，以至於每年來到劍橋的華人，不管是求學或觀光，都共享著徐志摩的康橋詩夢。

乘著由劍橋學生兼差撐篙的平底舟遊河，親身體驗徐志摩字裡行間的美麗境界，雖然劍橋學府的服務價格不斐，但夢無價。順著康河而下，河畔邊的劍橋古老學

乘著平底舟，在波光瀲灩的康河上，遊覽劍橋大學風光，最是愜意。

徐志摩〈再別康橋〉紀念碑，立在國王學院裡的橋梁邊。

院，一幢幢呈現在你我的眼前，幽靜典雅的千年學園，似乎還散發著濃濃的歷史雋氣，述說著悠久的古老傳奇，好比欣賞一幅幅中世紀的風情畫，處處蘊含著無限的綺夢。

在劍橋眾多的學院中，國王學院最知名，為英王亨利六世所興建，並擁有耗費七十年才完成的雄偉禮拜堂，但該學院最為華人所熟知的，應該是徐志摩到此修課的往事。

二十五歲的徐志摩，剛完成美國學業，在回國前，藉著友人的關係，順利到劍橋大學國王學院修讀政治與經濟相關課程。這趟劍橋修課的行程，較像是一次劍橋遊學，徐志摩因此有較多的時間，重新尋找自己的人生方向，開始接觸到西方的詩歌，觸動了他心底的文學性靈，啟發了他往後的詩人生涯。那首著名的〈再別康橋〉正是他當時的作品，至今仍為後人所傳誦，更是華人世界對劍橋的最初銘印。

我們親自走訪國王學院，試圖追尋徐志摩的足跡，不意真有所獲。

康河橋邊的圓石，上頭刻的正是我們懸念已久的〈再別康橋〉，首尾四句行雲流水般的中文詩句，字字是對華裔學子與遊人的綿語輕喚，一股異鄉遇故知的暖意油然而生。

詢問來龍去脈，才知道這圓石立於二〇〇八年，大概是英國順應當時的中國崛起與北京奧運熱潮，展現對華人世界的友善之意。但不管動機如何，往後來到劍橋的華人，定會再次見證這段歷史佳話，再一次沉浸在徐志摩的康橋詠嘆。

巨石奧秘

蘇利斯貝里位於倫敦西南方，一處名不見經傳的小市鎮，但因為它鄰近著名的史前巨石陣遺址，每年吸引超過一百萬的旅客，為該市鎮賺近無數的觀光財。

巨石陣，以目前科學的考古鑑定技術，僅可知大約是西元前三千年到二千年的石器時代遺跡，可是關於巨石的確切用途，由於缺乏史料的佐證，僅能推測是史前人類作為日月觀測或宗教祭祀之用。

令人費解的是，究竟巨石陣是如何興建的？到底遠古人類如何將每塊高達七公尺、重十餘噸的巨石，搬運堆疊，排列成圓環陣式？又當時科技發展尚不如今，如何能準確以巨石來標記每年夏、冬至的日月升落？以及對現代人來說都是十分困難的巨石工程，竟然能在石器時期就被當時人們所完成？眾多的謎團，至今未解，甚至還有人視之為外星人在地球上的傑作，更增添巨石陣的神祕色彩。

我們原以為可以親臨其下，領略巨石之奧妙，到了現場，始知英國早規劃了外圍步道，只可繞行遠觀、不可近賞，不免有些失望。但是，當我們信步繞著石陣，遠望聳立的龐然巨物時，古今錯置的陣陣恍惚，卻又不分遠近地襲上心頭。

遠古人建造巨石陣，展現的是對大自然的虔誠敬畏，物換星移，千年後的現代社會，人類選擇了與大自然作對抗，從巨石陣轉為摩天大樓群、從敬天祭神轉為科學至上、從日月崇拜轉為太空探險，看似一次又一次的人定勝天，但到頭來只是一次又一次地顯現自己的微不足道。

人類之於浩瀚的宇宙，依然渺小；對於廣闊的自然，依舊無知；出於自身的無力感，仍感惶恐。

終究，人類在大自然面前，不過是滄海一粟，面對著殘存的巨岩，我們內心依舊無法掩飾對大自然的虔誠與敬畏。

環著石陣群，遠古遺址留予我們的，恐不單是原始文明的未解之謎，更多的，還有人與自然的深切省思啊。

繞行巨石陣，人們對大自然的敬畏，亙古依然。

旅宿經

算算到歐洲的天數，我們的行程已過了一半，往往旅館是一個換過一個，感受也隨之起伏揚抑。若住得比預期來的差，心中不免失落；若比預估的來得好，又不禁欣喜雀躍。久而久之，我們竟然也歸結出一套自己的歐洲「旅宿經」，雖不中，亦不遠矣。

訂房一點通

真以為歐洲訂房是一門高超的技術？不然也。網路資訊的普及，預訂房間不再需要越洋通電或傳真，動個滑鼠在網路上搜尋瀏覽一下，馬上就能知道哪裡有空房、住宿價格高低、品質良寡等。甚至，預付訂金也不用電匯或旅行支票，只要輸入信用卡的基本資料，敲敲鍵盤，轉眼間就能下訂預付，省時方便，更省了旅行社代辦的手續費。

歐洲便宜旅社的房間狹窄，大行李常無處可放。

歐洲許多旅館以低價搶客，但品質良莠不齊，預訂前，應先審視網友的評價，才能避開「地雷」。

幾次訂房的經驗，我們深覺網路訂房不難，難是難在旅館的選擇。

由於網路訂房系統的平台甚多，訂房網站所刊登的飯店資訊不盡相同，甲網站有的飯店，乙網站不一定有，就算剛好一樣，價格也會有差異，常出現相同的旅館、房型與入住時間，卻因為甲網站正進行促銷活動，價格反而更便宜。

鑑此，整合各大訂房網站、隨時進行房價比較、為消費者提供物美價廉之住宿消息的「訂房比價平台」，就是我們自助行者的最佳的利器。我倆偏好使用「背包客棧」的訂房比價系統（http://hotel.backpackers.com.tw/cn/），該系統不但可以依照自己的預算，設定房價區間來篩選旅館，透過地圖掌握旅館位置，更提供質性與量化的旅客評價與評分，讓我們能以最快的速度，尋找到心儀的旅館。

值得注意的是，英國湖區的住宿預訂方面，一般網路的訂房系統很難找到理想的房間，反而必須透過湖區專屬的訂房系統（http://www.golakes.co.uk/default.aspx）才容易預定到理想的住宿旅館。

地點至關重要

選擇旅館時，每位旅人的衡量準則互異，且先後排序亦不同，至於我們則首重旅館的「地點」。

這非無的放矢，試想一般團體旅遊之所以逍遙，是有全程的司機、領隊和導遊在代勞。旅客不用認方位，司機自會導航；沉重行李不必自己扛，領隊安排巴士跟著跑；肚子餓了不用惱，導遊自會帶我們吃個飽。

反觀，自助旅行不但沒有司機GPS，行李更要自己提、吃飯自己想辦法，樣樣都要自己來，一旦旅館地點差，遠離了火車站、捷運站和客運站等交通樞紐，屆時一個人拖著笨重的行李，盲目地在人生地不熟的歐洲大街小巷穿梭，像無頭蒼蠅般尋覓著景點、飯店或餐館，搞得自己滿頭大汗、氣喘如牛，壞了興致不說，也把自己搞得筋疲力竭，還奢談什麼「旅遊」。

因此，我們預定旅館位置都要離火車站越近越好，一方面大城市的主要車站通常都是高鐵、火車與地鐵的交會點，由此輻射出去的交通路線多，不但省去移宿搬行李的麻煩，又能隨時轉車到達觀光景點，省時省力；另一方面，車站附近人潮集聚，餐廳也廣布，生活機能極佳，不用老為了三餐而煩惱。

舉例而言，我們法國巴黎的住宿旅舍，就位在巴黎北站對面，附近有郵局、速食店與便利商店，處處有飽餐之處。加上巴黎北站與機場之間有列車相連，一出車站就可以先到旅舍安頓行李，立即展開第一天的行程。而且，巴黎北站與四號地鐵共構，方便與右岸一號地鐵、左岸C線列車銜接，就連歐洲之星與法國高鐵的起始點都在這裡，交通便利性不言可喻。

在英國倫敦時，我們前幾天也選擇住在國王十字車站附近的小旅館，從歐洲之星所停靠的聖潘可拉斯車站走出來，走幾步就到隔壁的國王十字車站，五分鐘就到投宿的旅館。甚至，搭鐵路環遊大英本島時，於英格蘭卡萊爾、蘇格蘭愛丁堡、因佛尼斯、格拉斯哥等城鎮留宿，我們也都選擇車站走出來後，步行十分鐘可以到達的距離，省去搬運厚重行李的麻煩，隔天又能輕鬆地繼續搭車前往下個地點。

然而，當訂房地點不如人願，偏偏車站附近就是找不到價格與品質都滿意的旅館，像我們在荷蘭阿姆斯特丹和比利時布魯塞爾就是如此，我們則權宜變通，選擇地鐵站出口或電車站牌附近的旅舍，畢竟多轉乘一趟大眾交通運輸的路程，還是比用兩條腿走路來得輕鬆啊。

網友評價

地點之外，網友們的量化評分與質性評價，亦是訂房前不容忽視的參酌資料。過往，住宿的選擇，要不聽從過來人的推薦，選擇同樣的旅館；要不靠旅遊手冊索驥，抱持姑且一試的心情訂房。但是，殊不知住房的感受因人而異，「One man's meat is another man's poison」，他人認為的好，不一定是自己所需，單方面聽從一人之言，實難成一方之理。

多虧了網路的發達，我們現在可以透過訂房比價系統的整合平台，輕鬆匯整出不同網友對同一旅館的評價，分門別類地列出良窳，統整各界提供的評分與等第，迅速地媒合出適合我們的旅館。

剛開始我們對網路上的評價是半信半疑，常鐵齒不信邪，不願相信網站上如此美輪美奐的飯店照片，會與網友的評價有如此大的落差，結果一入住，果然噩夢成真，網友的預言都一一應驗。

比如，荷蘭阿姆斯特丹的Trianon Hotel評價中等，網友一致認為房間小、隔音差。當我們一入住，兩個大行李箱一塞，套房空間只容一人站立，果真空間狹小；入夜時，旅客往來的腳步聲，敲在不緊實的木質地板，喀喀地擾人入夢，隔音之差，誠如傳聞。

我們最慘痛的一次教訓，是入住英國倫敦國王十字站前的European Hotel。地點雖佳，但訂房網站的五等第評分中，它只得一點五分，唯獨自助式的早餐有著四點五分的高評價，我倆貪圖早餐的便宜，又過分自詡能屈能伸，總認為房間再差，燈一關、身一躺、眼一閉，忍一下天就亮了。

沒想到，下榻第一天，在倫敦十九度的低溫夜晚，房間熱水就喊罷工，飯店員工夜電老闆也束手無策，頻頻推說「電熱水器已重新啟動，要再等十分鐘」，豈知一小時過去了，哪來的滾滾熱水天上來？詢問是否能換房，兩手一攤，今晚客房全滿！追問有無共用浴廁可替代，想來想去，就只剩下又髒又亂又充斥菸味的員工宿舍可暫用「Yes or No？」

「哀……」多怪我們「鐵齒」，好漢不吃眼前虧，委身將就，明天太陽照樣會升起，電熱水器會修好，但該晚的房價？

依然是──照舊！

可不可退房差很大

網路訂房的價格背後，常有些限制，是為人所忽略的。

一般來說，選定了住宿日期、天數和房型後，多會出現二種價位。一為保證入住、不得退宿的優惠價位，即使當天不克前往，依然要付當天全額的住宿費；另一種為可彈性調整時間、三天前都能全額退宿的一般價格，比保證住宿的優惠價再高一點。

早先，我們對此並不在意，反正最貴的機票都預訂，旅館訂哪裡就住哪裡，所以多圖小利、搶便宜，一半以上都刷了最優惠的保證入住價。

不料，出發前二個月，歐洲突然傳來冰島火山再爆發的噩耗，一但飛機不飛，我們預訂的房間又不能退宿，豈不是「賠了夫人又折兵」，落得血本無歸？那一陣子，我們焦慮到吃不下又睡不好，多虧老天保佑，證實火山爆發只是正常規模的能量釋放，純粹是虛驚一場，才放下我們心中的巨石。

經過這次的教訓，我們往後預訂旅館都乖乖訂可退宿的價格，當作是繳份保險金，多一份安心啊。

信用卡盜刷風波

網路訂房都得先刷信用卡，以確保旅客能在預訂時間內入住，如果未到，信用卡公司會自動扣一晚的錢給飯店，真正要付清住宿費，大多要等到退房時才結清，所以我們旅遊期間，都會將刷卡的額度提高，靠著這張神奇的塑膠卡，解決原先需要攜帶大量匯鈔的不便。

但是，信用卡就怕被盜刷，我們從歐洲回國不到一年，信用卡公司就緊急來電，詢問我們人是否還在國外？

這才知道，我們的卡被有心人士盜刷了，簽單上的幣值居然是歐元，幸好信用卡公司及時擋下簽單，才免於巨額的損失。

事後回想，到國外旅遊難免需要刷卡交易，過程中是否有宵小盜錄卡片資料，實在難測，若因此怕盜刷而不用信用卡，倒又有些因噎廢食。

想來想去，最佳防盜刷的辦法，就是剪掉歐洲旅行用過的舊卡，請信用卡公司再重新核發新卡，將信用卡帳號、檢查碼、年限等一次重新改過，才能徹底根絕騙徒的非分之想。

大英本島

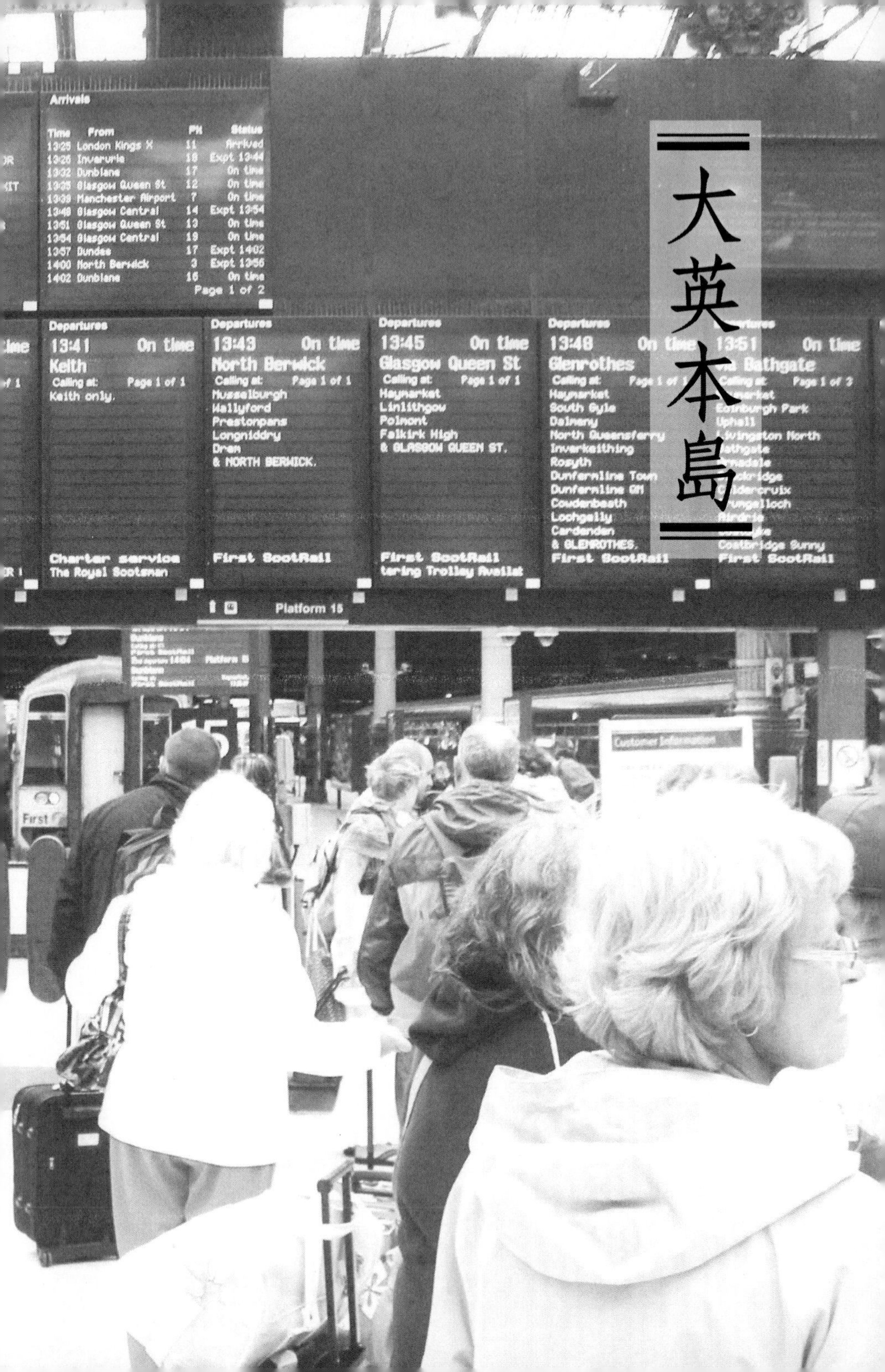
Arrivals
Time From Plt Status
13:25 London Kings X 11 Arrived
13:32 Dunblane 17 On time
13:25 Glasgow Queen St 12 On time
13:39 Manchester Airport 7 On time
13:48 Glasgow Central 14 Expt 13:54
13:51 Glasgow Queen St 13 On time
13:54 Glasgow Central 19 On time
13:57 Dundee 17 Expt 14:02
14:00 North Berwick 3 Expt 13:56
14:02 Dunblane 16 On time
Page 1 of 2
Departures
13:41 On time
Keith
Calling at: Page 1 of 1
Keith only.
Charter service
The Royal Scotsman
Departures
13:43 On time
North Berwick
Calling at: Page 1 of 1
Musselburgh
Wallyford
Prestonpans
Longniddry
Drem
& NORTH BERWICK.
First ScotRail
Departures
13:45 On time
Glasgow Queen St
Calling at: Page 1 of 1
Haymarket
Linlithgow
Polmont
Falkirk High
& GLASGOW QUEEN ST.
First ScotRail
Departures
13:48
Glenrothes
Haymarket
South Gyle
Dalmeny
North Queensferry
Inverkeithing
Rosyth
Dunfermline Town
Dunfermline QM
Cowdenbeath
Lochgelly
Cardenden
& GLENROTHES.
First ScotRail
Departures
13:51 On time
Page 1 of 2
Edinburgh Park
Uphall
Livingston North
Coatbridge Sunny
First ScotRail
Platform 15
Customer Information

乍看之下，令人眼花撩亂的火車時刻表，其實只要找對班次，看準時間和月台，複雜的英國鐵路也可以當捷運搭。

大英本島札記

七月十六日（六）

◇大行李暫放表姊家，改背登山包，揮別倫敦，乘著北向列車，開始大英本島的環島之旅。

◇北行英格蘭之旅：依序走訪約克（York）、達爾漢（Durham）、紐堡（Newcastle），唯獨前往卡萊爾（Carlisle）的火車延班，導致到飯店休息的時間，比預定晚了二小時之久。

◇隨筆：一提及York，馬上讓人聯想到美國的New York，相較於後者紐約的摩登新穎，前者約克則是古色古香，為古羅馬人在西元一世紀興建的古城，城內最著名的景點是約克大教堂，屬全英國最大的歌德式教堂，令人嘆為觀止。

七月十七日（日）

◇陰雨綿綿中，從卡萊爾前往哈特懷索（Halt whistle），造訪哈德良長城（Hadrian's Wall）。鄉間列車的班次本來就不多，再加上到長城的資訊又十分貧乏，我們差一點無功而返，好在最後有貴人相助，才如願抵達長城。

◇ 踏進蘇格蘭之旅：上午，輕裝走訪被青草、羊群及其排泄物環繞的哈德良長城，午後回旅館取行囊，前往蘇格蘭的愛丁堡，登上標高253公尺的聖魯德公園，眺望被鐵道橫切，一分為南（古城）北（新城）二側的愛丁堡。

◇ 隨筆：卡萊爾不是觀光大鎮，甚至多被當作前往愛丁堡的跳點，但車站前的Country Hotel，卻是我們行程中難得一見的好旅館，不僅房價平實，房間新穎寬敞，附贈的自助式早餐更是豐富美味，恨不得能多住幾天。

七月十八日（一）

◇ 一早到愛丁堡城，才發現先前買的大英遺產券無法使用，愛丁堡城在前一陣子已退出遺產券之列，我們還得另外購票，損失慘重。

◇ 愛丁堡之旅：參觀完愛丁堡城，下午前往旅程的最北端——因佛尼斯（Inverness）。

◇ 隨筆：愛丁城堡的前方廣場，大批工人正為八月份的國際藝術節（Military Tattoo）搭建為數衆多的觀衆座位，屆時座無虛席，盛況必定是空前。

七月十九日（二）

◇ 因佛尼斯（Inverness）到威廉堡（Fort William）之間重巖疊嶂，缺乏橫向的鐵路連接，必須以客運代步，每一站的停留時間都要拿捏得宜，是我們旅程中最緊湊的一天，錯過任一班次，都會連帶影響後續行程，嚴重可能無法在威廉堡車站搭上南下列車，教人不得不謹慎 。

◇ 蘇格蘭高地之旅：特地起了個大早，乘客運前往厄克特城（Urquhart Castle）與尼斯湖（Loch Ness），下午抵達威廉堡，轉搭公車到尼維斯纜車站（Nevis Range），上山賞高地美景，傍晚如期回到威廉堡車站，南下格拉斯哥並住宿當地，行程均正「點」。

◇ 隨筆：在低溫陰霾中，搭纜車上尼維斯山頂俯視蘇格蘭高地，眼前山嵐飄渺，時而見翠峰綿亙，時而現冰蝕湖之湛藍，虛實幻化，一如中國潑墨山水之寫意。

七月二十日（三）

◇ 早晨，在人情味濃厚的工業重鎮格拉斯哥（Glasgow）醒來。

◇ 湖區之旅：前往因波特小姐之名而大噪的湖區（Lake District），尋找彼得兔與其動物朋友們的蹤跡。

◇ 隨筆：每年來到湖區拜謁的東方旅客，以日本人為大宗，就連波特小姐故居的售票小姐，一見到黑髮黃膚的我們，竟也用「日語」向我們寒暄，令我倆不知所措，尷尬萬分。

七月廿一日（四）

◇ 鐵道之旅的最後一天，也是大英國鐵券的最後期限，我們計劃從湖區返回倫敦途中，另外在利物浦（Liverpool）作停留，發揮國鐵券的最後價值。

◇ 利物浦之旅：一早前往離旅館較遠，卻較寧靜清新的湖區北邊——安布塞德（Ambleside），享受湖區的鄉間閒適。下午探訪披頭四的故鄉利物浦，踏著約翰藍儂走過的街道，耳際彷彿又聽到了經典名曲Hey Jude。晚間回到倫敦，結束大英鐵道之旅，夜宿表姊家。

◇ 隨筆：我們湖區的民宿，鄰近天鵝群聚的波尼斯（Bowness）湖畔，我們等公車之際，閒來無事，拿麥片餵天鵝消遣，沒想到天鵝是「兇」湧而至，你爭我奪，嚇得我們棄食而逃。那童話世界裡貌似優雅的天鵝，在現實世界中，可比我們想像的來得野蠻。

七月廿二日（五）

◇ 在英國的最後一天，也是歐洲旅行的尾聲。一早即離開表姊家，到派丁頓車站寄放厚重行李，以簡便輕裝出發，為倫敦作最後的巡禮。

◇ 倫敦最後巡禮：走進杜莎夫人蠟像館，眼前星光熠熠，眾多知名的好萊塢巨星、搖滾天后、運動明星、政治名人等的等身蠟像林列，任由遊客或搭肩、或挽臂、或摟腰地合影留念，一圓大家的追星夢。嗣後，我們到附近的貝克街221B福爾摩斯博物館，拜訪福爾摩斯的家。午後，度過悠閒的英式下午茶時光，才意猶未盡地回到帕丁頓車站，乘機場快捷列車，直奔希斯洛機場登機。

◇ 隨筆：因著福爾摩斯系列小說享譽國際，英國政府特地創設一條貝克街，並根據小說情節佈置博物館。這裡除了供來自世界各地的福爾摩斯迷朝聖，更為倫敦作城市行銷，帶來源源不絕的觀光財。

◇ 旅程到了尾聲，心中雖然萬般不捨，但也只能忍痛與倫敦說再見，於當地時間晚上九點半，搭乘長榮飛機返台。

七月廿三日（六）

◇ 晚上九點，順利抵達桃園機場，為此行畫下圓滿的句點。

◇ 隨筆：這趟歐洲旅行，途中的酸甜苦辣不少，也是我們難忘的人生經歷。這次小倆口能結伴同行，相載旅途的點點滴滴，就算老了，我們也不會寂寞，因為這段歐洲旅程，將是我們共享的永恆回憶。

業餘背包客的鐵路旅程

英國各地方的風土民情互異，倫敦和其近郊有別，英格蘭和蘇格蘭之間又有地區上的差異，若要一探究竟，不妨和我們一樣，買張大英國鐵所發行的鐵路通行車票（BritRail Pass），環遊英國本島一圈便可知曉。

大英國鐵通行車票，或可稱大英國鐵券，是針對非英國國籍的旅客所販售，可在一定時間內無限次數搭乘英國任何鐵路線，所以當我們結束倫敦及其近郊的行程後，就以七天為期的大英國鐵券，從倫敦開始，北往約克、達爾漢、紐堡、卡萊爾，再跨至蘇格蘭到愛丁堡、因佛尼斯、威廉堡，之後南下參觀湖區、利物浦，最終回到原點倫敦，從南到北環繞大英本島一圈。

由於大英國鐵通行券有使用期限，各景點間又要靠不同班次的火車連結，所以行程相當緊湊，為免去上下月台搬運大行李的煩惱，我們決定將大行李寄放在留學

▎專業級的背包客，雖然滿肩行囊，卻依舊健步如飛、吐納如常。

倫敦的表姊家，改背登山包旅行，一廂情願地想當個瀟脫的背包客，浪跡天涯。

我們的登山包是最基本的三公升容量，足以放三天的衣物，但為了節省餐費的開銷，我們特地帶了七天份的泡麵；為了避免旅館不提供盥洗用品，我們特地準備了二瓶沐浴乳和洗髮精；為了抵禦英國北方的寒冷氣溫，我們額外帶了厚重外套。林林總總的旅行用品丟一丟，整個背包幾乎是被塞爆了。

我們這二隻平日養尊處優的「肉雞」，實際背起登山背包，大步走不上十分鐘，汗流如雨下、肩膀隱隱酸痛，苦撐到火車站，心底還在悲鳴「命苦」，眼前熙熙攘攘的歐洲背包客，各個登山包都高過於肩、低至於臀，還外加手提行囊，走起路來卻臉不紅、氣不喘，一派輕鬆樣，驚得我們瞠目結舌，碎得我們背包客情懷滿地。

果然，山寨版的背包客，還是不能跟正版的專業級相比。

英國鐵路淺談

幾次搭乘英國國鐵的體驗，益發覺得英國鐵路是全世界最複雜的鐵路系統，不同鐵路線由不同的民營鐵路公司經營，停靠不同、班次有別、各時段的價格也有落差，搭錯車種還得重買票，就連英國人也不一定搞得清楚，更遑論甫到英國的外國觀光客。

好在，英國政府有鑑於國內鐵路系統過於龐雜，於是協調各家鐵路公司，共同發行了觀光客專用的「萬能」大英國鐵券（BritRail Pass），外國旅客只要在規定期限內，可不限次數、時段和車種，隨意搭乘英國火車，旅客只要在上車前先確認好列車前往的目的地與候車月台，就可將鐵路當捷運使用，輕鬆環遊全英國。

但話說回來，英國之所以會創造出如此錯綜複雜的鐵道系統作繭自縛，正本溯源，全是英國政府在二十年前將國家鐵路民營化的結果。

英國鐵路民營化的濫觴，起於一九九三年保守黨政府所通過的「鐵路法」（Railway Act）。時任首相的梅傑，是繼鐵娘子柴契爾夫人之後，新上任的保守黨領袖，當時他眼見自己的聲望下跌，擔憂大選後會政黨輪替，於是加速鐵路私營化，授予私營企業豐厚的利誘，將國鐵經營權分線出售，範圍涵蓋各鐵路線、貨運、鐵路裝備與基建保養等，致使英國鐵路局被拆為百逾家公司。

大選後，他首相的位子有驚無險地保住了，但他所推動的鐵路民營化，雖然減輕了國家財政，卻圖利了少數財團，數千萬尋常老百姓是未蒙其利、先受其害。

私人企業為降低成本，開始裁減人事，導致鐵路人手不足，列車誤點和班次取消的狀況頻仍，通勤族只能無奈地仰望被延遲的時刻表興嘆。加上不同路段由不同公司負責營運，選擇過多，資訊卻未整合，徒增乘客搭車的困擾。甚至民營化後的票價年年攀升，服務卻不成正比，寡占的鐵路事業，養肥了民營公司的高階「肥貓」，瘦了只能默默隱忍的弱勢百姓。

四年後政黨輪替，工黨成功贏得政權，但英國鐵路的國營歲月已一去不復返，僅能透過立法來進行事後的補強與監督。

英國鐵路民營化至今，往返各大城鎮的班次多且準點，車上定時有清潔員收拾垃圾，車內廁所也無償使用，嘴饞或口渴都可在行動餐車中得到滿足，但民營化後的馬太效應——「富者愈富，貧者愈貧」，卻也讓偏遠地區的鐵路更加被邊緣化，班次更少，誤點脫班的情況依然。

我們改當背包客的第一天，傍晚準備從英格蘭邊境的紐堡到卡萊爾投宿，列車竟然從前一班就開始脫班，班次表上的跑馬燈從原先的「on time」、改為「delay」、最後竟然顯示「cancel」，一小時內連續取消三班，等到人心惶惶，就算我們向站員詢問原因，得到的回覆也只有「等待」，沒有人能說個明白。

當下，受鐵路民營化折騰的苦主，又多了我倆位外國觀光客，我們最壞的打算是改搭客運，可是此地鄉間荒徑，就連火車也要耗費一個半小時，客運恐怕要開到天荒地老了；又或者改住宿在紐堡，卡萊爾預付的住宿費，只能眼睜睜地看著它被沒收。前者耗時，後者破財，兩者都是叫人心痛的損賠。

枯等了二個鐘頭，正當我們沮喪地準備離開，背後竟傳來眾人的歡呼聲，原來，前往卡萊爾的列車又重新「on time」——復駛啦！

前往卡萊爾的列車只有二節，卻是我們苦等了二個小時才盼到的救星。

喜出望外的我們，三步併兩步，直奔月台，怕又是海市蜃樓，一定要眼見為憑才算數。

不一會兒，列車果真緩緩進站，老舊的車身只有兩節車廂，因誤班而累計下來的乘客，一下子就把車廂擠得水洩不通，大伙兒應同我心，深怕這會是今天的末班車，趕不上的人只能夜宿車站了。

歷經這次可怕的誤班波折，往後，台灣鐵路是否要民營化？還得多三思。

英國的古羅馬人足跡

西元一一七年是古羅馬帝國最強盛的時期，領土橫跨歐亞非大陸，就連現今的英格蘭和威爾斯都是羅馬人的禁臠，為其版圖上的不列顛省。

數千年後的今天，羅馬帝國已成歷史，但散落在大英土地上的羅馬遺址，仍訴說著羅馬帝國曾有過的輝煌史蹟。

巴斯的羅馬浴場

古羅馬人對泡澡的熱愛，只有當今日本人可以比擬。兩者雖然處於不同的時空背景，卻無獨有偶地都熱衷沐浴泡湯，懂得善用溫泉的療癒功效，更將泡湯視為日常生活中不可或缺的社交活動。

巴斯的羅馬浴場遺址，見證著古羅馬人對溫泉的熱愛。

巴斯，一處位於倫敦西邊、搭車約莫一個半小時的城鎮，早在二千多年前，羅馬人就在此挖到難得一見的溫泉水脈，興建了長二十五公尺、寬十二公尺的室內大浴場，除了有溫泉池、冷泉池和桑拿按摩室，提供完善的三溫暖服務外，附近更有雄偉莊嚴的神廟，在人們享受溫泉沐浴之餘，也能獲得宗教上的精神慰藉，可說是「身心靈」一次滿足的休閒中心。

古巴斯浴場出土時，浴場原先的木製屋頂已經損毀，各溫泉池也徒留殘垣斷瓦，唯有深埋地底的引水系統被保存下來，千年來，水道運作如常，不斷地將溫泉導入浴池，再將池水導回河中，活水源源不絕，讓人不得不欽佩起羅馬人的精準建築造詣。

可惜的是，現今的巴斯浴場溫泉已除役，遊客想伸手試水溫都不被允許，更遑論我們想泡千年湯池的美夢，當然也就「泡湯」了。

羅馬第九軍團

當我們隨著羅馬帝國的足跡北上，許多英格蘭城鎮都與古羅馬帝國有所關係，好比約克、卡萊爾、紐堡等，都曾是古羅馬北方的軍事要塞，至今發掘出許多古羅馬遺址。

然而，當我們跨進蘇格蘭地區，古羅馬帝國所遺留的就只剩下「傳說」。

至始至終，羅馬帝國都未能收編蘇格蘭，縱使羅馬軍團驍勇善戰，征服的疆域橫跨歐亞非大陸，但面對蘇格蘭高地上既野蠻又剽悍的原住民部族時，卻經常陷入苦戰，甚至吞下敗仗。

古來，蘇格蘭人與羅馬人之間的廝殺軼聞，最著名的，非羅馬第九軍團神秘失蹤事件莫屬。

羅馬時期，駐紮在不列顛的第九軍團，擁有五千人的菁英戰士，戰無不克，可是當羅馬帝國設不列顛島為一省後，卻無故地「人間蒸發」，相關記載也從羅馬史料中被刪去，至今仍是未解的謎團。

後來的史學家推測，最可能的原因，應該是當第九軍團攻取蘇格蘭時，遭到當地皮克特部族的全力圍剿與屠殺，最終全軍覆沒，羅馬高層為了掩蓋這奇恥大辱，刻意將第九軍團的史蹟抹去，以粉飾太平。

雖然羅馬第九軍團無故消失的原因未有定論，但後人對此的諸多臆測與推論，總像浪濤般前仆後繼，圖能補上這段歷史的空白。

不管是電影「世紀戰魂」描述七名倖存的第九軍團士兵，試圖逃離被蠻族獵殺的命運；或是「帝國戰紀」影片中，述說年輕百夫長為恢復曾經擔任第九軍團指揮官的父親之榮譽，重新踏上荒地，尋找遺落的老鷹軍徽。兩者都重新詮釋了第九軍團被消滅的來由，重現蘇格蘭部族群起圍攻羅馬軍團的血腥殺戮，重返當時的歷史現場，重新拼回那段遺失的歷史片段。

只可惜，兩部影片多站在羅馬人的觀點進行陳述，掩蓋了羅馬人本身才是侵略者的事實，為擴展領土對當地百姓進行殘暴屠殺、姦淫擄掠，才導致當地住民揭竿反抗。順此理路，第九軍團喪命於蘇格蘭部族，應稱得上自食惡果，畢竟最先挑起戰端的人，其實是羅馬人自己。

羅馬人為名、為利、為權、為勢，強徵豪取，血染蘇格蘭地區，導致民族間的仇恨與對立，當衝突得不到妥協，也就是受害人的復仇時刻，如此，第九軍團的悲劇也不難預料。

哈德良長城

古羅馬第九軍團為蘇格蘭蠻族所殲滅的假說，仍待考古驗證，但可以確定的是，古羅馬在這次事件後，徹底改變了北征蘇格蘭政策，轉為保守的疆域固守。

西元一二二年，新上任的羅馬皇帝哈德良決定在英格蘭北端——從卡萊爾到紐堡之間——興建防禦用的長城，橫貫英格蘭之東西，總長度達一百一十七公里、平均高度四點五公尺，為當時國境最北的石造城牆，劃出蘇格蘭地區與不列顛省之間的楚河漢界。

羅馬人以城牆作為抵禦北方部族的屏障，與秦始皇建造萬里長城的目的相仿，對無法擊敗的敵手進行包圍封鎖，以牆區隔境內與化外，嚴密監控敵軍的一

哈德良長城曾是古羅馬人抵禦北方蠻族的重要屏障，而今僅存斷垣殘壁，令人不甚唏嘘。

舉一動，在當時是最簡單、也是最有效的方法。不得不說，人類的想法不分國界，其實都差不多。

我倆為了一睹古羅馬長城的遺跡，特地搭乘從卡萊爾出發、開往哈特懷索的列車，算準抵達時間再接駁巴士，前往長城遺址。

豈料，人算不如天算，當天陰雨迷濛，又恰逢英國周日，鐵路與公車例行性減班休息，好不容易抵達哈特懷索，鎮上又彷若空城，最亮眼的平價超市，看似可靠的店員，對於如何搭公車前往長城，卻說得含糊不清、支吾其詞。

偏偏我們下午還要趕往愛丁堡，停留的時間有限，看著錶上正倒數的分秒，我們慌了，心中浮現最壞打算——放棄!?

路上唯二開張的另一間店鋪，是家不起眼的雜貨店，店內昏暗，櫃檯坐著白髮蒼蒼的年邁老闆。

「就再試最後一次吧！」我們打定主意，再問不到路，就死心了。

老闆聽完了我們的窘境後，忖思了一會兒，像翻壓箱寶一樣，從收銀檯下翻出一張沾點污漬的折頁，仔細一看「那不就是我們急需的公車時刻表嗎！」

老闆戴起老花眼鏡，開始為我們查詢班次，還要我們拿著時刻表參考。他是我們的救星，我們除了不斷地「Thank you」外，還有無限多倍的「very much」。

有了時刻表，我們才發覺自己站錯了站牌、錯過了班次，火車站一出來的公車站牌，才是前往長城的起點。由此搭車到羅馬士兵博物館下車，徒步走過鄉間小道，哈德良長城的標示牌就在我們眼前。

雖然哈德良長城已被指定為世界遺產，但當我們到達長城告示牌時，朝山頭望去，只見滿山坡的羊群，以及遍地的「黃金」，實在難以相信長城就在這裡？

爬上山陵線，放眼一望，蜿蜒綿亙的巨大長城，卻在後人蓄意的破壞下，將原先用來蓋長城的大石磚，挪來建農舍、砌圍籬，餘留數段的斷垣殘壁，最高不及人肩，最低甚至只到膝蓋，規模不復當年，甚至不少城牆已消逝無蹤，若非我們特地走近查看，殊難想像哈德良長城曾經存在過。

佇立在哈德良半傾的長城上，眺望遠方的蘇格蘭高地，懷古思幽，心中滿是感慨與喟嘆。

長城雖是羅馬帝國當時的強權象徵，捍衛著羅馬人的榮耀，但這長城卻又是由多少無名戰士的枯骨所堆砌而成的，又為了國家疆界的完整，必須付出多少鮮血與孤魂為代價。

在此駐守的古羅馬士兵，不分晝夜，隨時都得提心北方外族的偷襲與騷擾，既渴望衣錦還鄉，卻又擔憂淪為異地的無名塚，仰問眼前的蒼茫天地，得到的答案，竟只有冰冷的城牆，以及遙遙無期的歸鄉日。

而今，頹傾長城是當地健行客最愛的沿途景緻，只是古長城下埋藏的心酸與無奈，又有誰知呢？

美哉愛丁堡

一提及蘇格蘭的首府——愛丁堡，自然讓人想到每年八月中旬在此舉辦的國際藝術節，堪稱世上最大規模結合音樂、戲劇、芭蕾舞、歌劇等的藝術節慶，可謂藝術界的「奧林匹克」盛事。

許多人應該和我們一樣，是先耳聞國際藝術節的盛名，才開始從地圖上搜尋愛丁堡，繼而動念到愛丁堡一遊。我們往往是將藝術節置於愛丁堡之前，以為愛丁堡是因「藝術」而美妙，殊不知，愛丁堡本身就是「美之都」。

城之崎

愛丁堡的美，在它「崎」之地勢，顛覆大城市起於平地的慣律，反倒隨著山坡起伏，是座名符其實的

愛丁堡舊城區其實是座山城，要抵達舊城內的皇家哩大道，必須爬坡穿過狹長的小巷（close）。

山城。

從愛丁堡車站前往舊城區的路途，必須先爬上層層階梯，走出位在谷底的車站，再穿越一段蘇格蘭所謂的「close」之上坡狹巷，才能抵達愛丁堡舊城區的中軸線——皇家哩大道。

愛丁堡古城以皇家哩大道為主幹，西端是居高臨下的愛丁城堡，向東一路遞降到山腳下的皇室居所——聖魯德宮殿，而大道兩旁、順著下坡岔出的巷弄，是連接住家與皇家哩大道間的重要曲徑，也是我們來時的「close」。

整個愛丁堡從高空俯視，像極了翹首的潛龍，城堡為首、宮殿為尾、大道為脊、巷弄為骨，可惜知其美者甚少，只緣身在此山中。

堡之琦

愛丁堡的另一美，在於愛丁城堡這塊「琦」玉。

城堡是歷代蘇格蘭國王的居所，也是固若金湯的雄偉城塞，但入堡參觀尚不

愛丁城堡位在山城頂端，有「雅典衛城」美譽，每年八月中旬的愛丁堡國際藝術節就在城堡前的廣場舉辦。

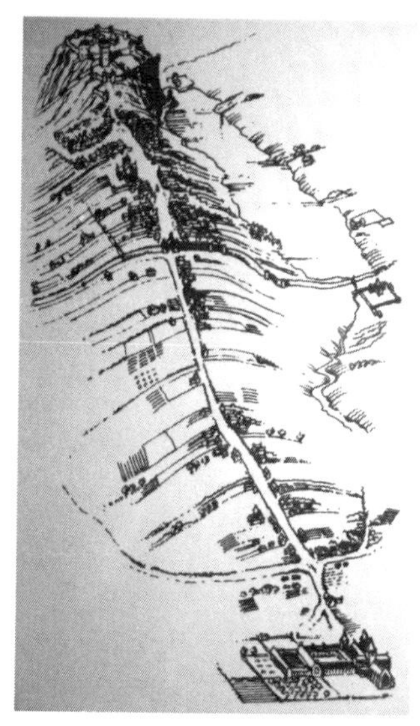

愛丁堡像極了翹首的潛龍，城堡為首、宮殿為尾、大道為脊、巷弄為骨。

足以體認其壯觀，唯有從高處眺望，才能盡覽其貌。

在愛丁堡想登高望遠，不必靠人工搭建的鐵塔，聖魯德公園的山丘，海拔二百五十餘尺的高度，就是視野極佳的瞭望台。

由此遠眺市區，城堡赫然矗立在層疊交錯的古平房中，如同盤古擎天，睥睨群倫，展現的是「一夫當關，萬夫莫敵」的將士豪氣，千年來，不曾卸下保家衛國的使命。

後人因此將愛丁堡譽為「北方雅典」，如同雅典有衛城作為軍事要塞，愛丁堡亦有城堡居高臨下抵禦外敵，並以城堡為中心，向外延展，發展出現今的規模。

目前城堡已從軍事功能轉為觀光一途，但它作為愛丁堡的宏偉意象、作為蘇格蘭最珍貴的文化遺產，它始終是蘇格蘭國王皇冠上最無暇的琦玉，光彩奪目，無可取代。

古之綺

愛丁堡的美，在地勢之「崎」、在城堡之「琦」，也在古之「綺」。

自古以來，倫敦和愛丁堡分別是英國南北二大名城，難分軒輊，但由於倫敦二戰時曾遭受德國納粹的大轟炸，多數歷史古蹟慘遭破壞，無緣作歲月的見證，唯獨愛丁堡尚存歷史餘溫，保留了許多舊址遺跡，自是饒富古韻。

雖然我們在愛丁堡停留的時間只有二天，但每每信步於舊城中，總讓人有古今錯置的幻覺：皇家哩石鋪大道上，兩旁石造房舍櫛次鱗比，各自都還在撰寫自己的史蹟；山崗上龐然的愛丁城堡，皇家的古裝劇碼，仍在旅客口耳間傳播，千古不輟；穿梭在幽靜的山坡狹巷，石屋倒映的疏影，總讓人迷失於中古世紀的想像；城內的一牆一柱、一磚一瓦、一角一縫，似乎都有自己的故事，就怕我們來不及細聽。

愛丁堡，就是如此發人綺情的古都，讓人愛不忍釋。

▍饒富古韻的愛丁堡皇家哩大道，處處都能感受到歷史的餘溫。

尼斯湖水怪傳說

從愛丁堡乘坐三個半小時的火車，進入格蘭片山脈後，終抵達境北之城——因佛尼斯。該城不但地處偏遠，緯度也高，盛夏仍有些寒意，太陽晚上才下山，道道地地的蘇格蘭高地特色。

我們選在因佛尼斯留宿一晚，在於流經該地的尼斯河，其上游正是冰河侵蝕而成的尼斯湖，因佛尼斯不但是前往尼斯湖的交通樞紐，更是旅行北蘇格蘭高地的起點。

計畫造訪尼斯湖的遊客，多會在此搭乘往威廉堡的客運，途中於厄克特城下車，遊城兼賞湖。

然而，厄克特城其實是座廢墟，早在十七世紀英國內戰中，英格蘭軍隊為避免蘇格蘭軍隊據此為要塞，因而自行毀之，徒留下頹牆廢墟，在撲面的朔風中，悲嘆著百年孤寂。

由塔上遙望狹長的尼斯湖，這個在地圖上不過是薄如蟬翼的隙縫裂口，實際上竟是大自然鬼斧神工，以利刃削峰、巨鑿掘壑，寬一點五公里，長卻達三十七公里，萬年成一湖，隨著群山綿亙，無邊無際，滔滔如浩海，又深不可測，難怪歷來關於水怪的傳聞不絕如縷。

當今科學家早斷定尼斯湖水怪是無稽之談，拍到水怪的照片也被證實是偽造的，但水怪的謠言依然甚囂塵上。肇因尼斯湖內含有大量浮藻和泥炭，導致湖面混濁不堪、能見度低，即使在太陽照射下，仍是一片暗藍，深不見底，徒增神秘感。

雖說水怪傳聞是信者恆信，但謎一般的尼斯深潭，就連存疑不信者，也非要到此眼見為證。

水怪的謠言，至今已流傳逾一甲子，水怪的行蹤依舊成謎，但遠道而來的觀光客卻接踵而至，反倒讓當地旅遊業大發水怪利市，乘遊艇訪怪的生意更是興隆，他們——尼斯湖商人——絕對是水怪最忠實的信徒。

在我們到達尼斯湖前，總訕笑這群水怪迷的愚昧無知。然而，我們抵達的當天，陰雨淒迷，雲層幽暗，整個湖面沉如墨池，詭譎昏晦，寒風吹來更令人不寒

從半頹傾的厄克特城遠眺神秘浩瀚的尼斯湖，天蒼地茫，頗發思古之幽情。

而慄。突然間，遠方水面泛起的陣陣漣漪，頓時令我們心頭一悸，真以為是水怪出沒。

原來，我們心底仍懷著水怪夢，不是我們不科學，只是，奇夢總讓人陶醉。

蘇格蘭印象

中文裡的「英國」，總讓人以為「英國」就是「England」，其實是訛誤。

「英國」的正式全名為「大不列顛與北愛爾蘭聯合王國」（The United Kingdom of Great Britain and Northern Ireland），包含英格蘭、蘇格蘭、威爾斯和北愛爾蘭等地區，簡稱為「UK」。

中文裡的「英國」，不過是泛稱，卻容易讓人以為英國就是英格蘭國。

實際上，英國境內各地區的自主意識強烈，英格蘭、蘇格蘭、威爾斯和北愛爾蘭等不但有自己的方言、習俗和地方節慶，民族性也南轅北轍，甚至彼此間還會相互鄙斥。像蘇格蘭人常斥英格蘭人自私小氣，英格蘭人則鄙視他們為蠻荒落後。我們旅人若不明白「英國」為聯合王國的就裡，到蘇格蘭直呼當地為England，難保不會被白眼。

蘇格蘭高地

當我們跨進蘇格蘭地區，所見所聞完全迥異於英格蘭的風貌。相對於英格蘭的平坦地景，蘇格蘭屬於高地地形，地勢介於海拔六百至一千公尺之間，加上古時又受到冰河的擠壓與侵蝕，因此地形上的蘇格蘭是層巒疊嶂，又大大小小的冰蝕湖鑲嵌其間，獨樹一格。

台灣遊客經常造訪的愛丁堡與格拉斯哥兩大城市，還稱不上是典型的高地地貌，必須繼續北行：「樂水」就到尼斯湖畔，遠眺冰蝕河的千年滄桑；「樂山」就乘纜車上英國最高的尼維斯山群，俯瞰高地的荒野蒼茫。或縱山、或橫水，才能真正感受到蘇格蘭高地之悠悠。

方格裙、風笛與威士忌

文化上，方格裙、風笛與威士忌等是蘇格蘭的傳統象徵，亦是世人對蘇格蘭的典型印象。

試問哪個地方的傳統服飾，男人會穿方格裙？——蘇格蘭！
喜愛吹奏哀淒風笛的民族？——蘇格蘭！
出產威士忌最著名的地區？——蘇格蘭！

從古自今，蘇格蘭傳統三寶就不曾凋零，近年來還乘著全球化的資本主義浪潮，開始走向產業化，行銷全世界。

傳統上，方格裙上不同的圖紋代表著不同的氏族，是蘇格蘭男人的認同與歸屬。到了現代社會，方格裙背後所蘊含的氏族意喻已式微，繼之而起的是格子圖紋的藝術價值，可作為圍巾上的典雅花飾、可用於襯衫上的繽紛打樣、亦可是背包上的絢麗花紋，儼然成為時尚流行的新元素。

蘇格蘭風笛，往昔是蘇格蘭人的心情之抒發，在慶典中可歡樂氣氛、在戰爭中可激勵士氣、在祭祀中可哀悼亡靈，多是部落重要場合的情感催化劑。流傳自今，悠揚亢音的風笛聲依舊，卻不再專司於特定場合，倒成了普羅大眾的選購商品，各大商店均售風笛CD，處處可見蘇格蘭風笛手街頭賣藝。風笛從此不再認場合，只認鈔票。

蘇格蘭威士忌是一種烈性的蒸餾酒，濃烈的口感，充滿了蘇格蘭戰士的陽剛氣息，更是當地人眼中的「生命之水」。遍經百年的傳承，蘇格蘭威士忌的名號早已揚名國際，我們耳熟能詳的拐杖紳士（Jonny Walker）與逗趣紅棕鳥（威雀）正來自蘇格蘭。此等「黃湯」，每年為蘇格蘭帶進可觀的利潤，它非但是生命之水，更像是「黃金之泉」。

蘇格蘭雖然只是大不列顛與北愛爾蘭聯合王國的一員，但當我們愈深究，愈覺得蘇格蘭不管在地理上或文化上都卓然不群、自成一體，不消向倫敦借光，亦能搭上全球化浪潮，跟上世界政經的脈動，雖說是一區，卻又有一國之姿。

如此一來，我們對於蘇格蘭近年來在政治上推動獨立公投，試圖脫離英國自成一國，也就不感意外了。

從尼維斯山上俯瞰蘇格蘭高地之悠悠。

在蘇格蘭常看得到穿著傳統蘇格蘭裙、吹奏蘇格蘭風笛的街頭藝人。

彼得兔的湖區

湖區，位在英格蘭西北方，因擁有大小不一的冰蝕湖泊而得名。

這裡的湖光山色，深得英國浪漫詩人華茲華斯的讚譽；這裡的鄉村風情，是英國人度假避暑的首選；而這裡的生態之善，更令「彼得兔」作者——碧翠絲・波特——心神嚮往。

波特小姐與彼得兔

身穿藍色外套的俏皮彼得兔，是一九〇二年碧翠絲・波特小姐所創作出來的第一位動物主角。

當年，《彼得兔的故事》一開始並不被出版社所看好，但波特小姐對於繪本色彩的講究、尺寸要巧如手掌大的獨特設計、以及書中字裡行間滿溢著對自然人文的

湖區不但是英國人的避暑勝地，更保留了最原始的自然生態。

關懷，意外獲得讀者的青睞，成為當時最暢銷的書籍，彼得兔從此成為家喻戶曉的人物，後繼的動物系列繪本亦是歷久不衰。

湖區之所以被視為彼得兔的家，無關乎發源地，在於這裡是波特小姐晚年的歸宿。

波特小姐雖然與湖區結緣得早，兒時就經常和家人到此避暑，但一直要到她年近不惑，才有機會藉著豐厚的繪本版稅收入，在湖區丘頂置產定居。

因著對大自然的豐沛情感，她義無反顧地投身湖區的保育工作，陸續用版稅買下許多湖區的農場與土地，以避免被不肖建商過度開發，甚至在身後還將這些土地與農場盡數捐贈給國家信託，誓言保存湖區最原始的自然生態風貌。

碧翠絲・波特小姐對湖區無私的奉獻，樹立了最佳的生態保育之典範，深深影響後人對湖區自然生態的重視。

當英國政府有意在此廣設鐵軌，讓火車穿越大小湖區，促進當地經濟發展時，當地人群起反對，他們拒絕過快的現代化腳步、抵制不必要的人為破壞、反對過度商業化，因為，湖區難能的原始風貌是無價的。

迄今，前往湖區的鐵路途徑，僅能從主幹道的奧仙后姆站轉搭支線，穿過層層的蓊鬱樹林，才能蒞臨湖區入口——溫達米亞。出站後，還需轉乘接駁巴士和渡輪，才能順利抵達湖區各處。

這種刻意營造出來的距離感，卻不曾令遊客卻步，反而吸引更多想一窺湖區秘境的人潮，尤其是作為湖區門戶的溫達米亞之波尼斯鎮，路上旅人川流不息，湖畔的商家與餐館繁多，生活機能便利，早成為湖區最熱鬧的觀光據點。

幸而湖區幅員廣闊，想遠避人車喧囂，並非難事，只要買張交通票，跳上公車或渡輪，一旦離開了溫達米亞，任一鄉間村野，都很適合享受一個人的自在。

丘頂小屋

從波尼斯鎮前往波特小姐的故居，必須先乘坐接駁小船，在尼亞・蘇里上岸後，轉乘開往山上的小巴士，才能到達波特小姐的世外桃源——丘頂。

甫下車，如茵的綠草原上，馬群與羊群慵懶地咀嚼香甜的牧草；山坡上一幢幢雅緻的白色小屋，冒著縷縷輕煙，過的是陳年舊月；路上往來的行人不多，但都帶著友善的笑容，是招呼，也是油然而生的在地幸福感。

此等樸實鄉景，無怪乎，當年三十九歲的波特小姐會選擇在此深居遁隱。

她的故居就藏身在蓊鬱的樹叢中，循著石徑，兩旁錦簇的花叢引著我們走向曾是波特小姐的小農場，欄內成群的牛羊反芻自慢，一旁躍進的野兔往來如故，安閒暇適的農莊風情，恰似彼得兔故事的新續章。

農場的對面就是波特小姐的故居，現在已開放為文物館供遊客參觀。室內擺設既簡約又無華，一切反璞歸真，映照出波特小姐順應自然的真性。二樓書房內，還擺著她使用過的書桌，桌有界，但創作的世界卻無垠，仄狹的桌面不曾限制住波特小姐的靈思，窗外的一花一草皆布景，丘頂的動物們是主角，牠們彼此間的往來互動，信手捻來都是現成的故事。

晚年，波特小姐停止了童話創作，而丘頂恬靜的田園生活，提供了她投入大自然懷抱的機會，全心全意與丈夫威廉經營農莊，覓得心靈的平靜歸宿，最終以

▍波特小姐位在丘頂的故居，純樸閒適，綠意盎然。

七十七歲高齡辭世，著實令人稱羨。

湖區，默默隱身於英格蘭西北偶，仿若少女的含蓄與羞澀，卻又藏不住天生麗質，其山光水色無處不令人心曠神怡。

對於波特小姐而言，湖區始終是處令人魂牽夢縈的秘境。只是，我們有緣無份，短暫的停留，僅能將湖區的美，映在腦海中，奢求剎那為永恆。

旅英偶感

大英繞了一圈，我們再次回到了倫敦。

在歐洲的最後一天，沒有行程的壓力，最是輕鬆悠閒，邊收拾行囊、邊回味大英點滴，才發現，我們所到之處，最多的不是歷史古蹟，而是和英國故事息息相關的場景。

細數我們這幾天所遍及的足跡：國王十字車站的九又四分之三月台是哈利波特前往霍格華茲魔法學校的入口、貝克街是為福爾摩斯而創名的、戴著舊大帽的帕丁頓熊是在帕丁頓車站被人收留、小飛俠的作者是在倫敦海德公園獲得彼得潘的靈感、知名學府牛津是愛麗斯夢遊仙境的發源地、湖區因波特小姐與彼得兔而更加有名、蘇格蘭看似平靜無波的尼斯湖也藏著水怪軼事、007情報員可能就隱身在倫敦的巷弄中……

雖說是杜撰的故事，法國也有小王子、荷蘭也有米菲兔、比利時也有丁丁，但就是不及英國來的陣容龐大又廣為人知。

遠的不說，二〇一二年倫敦奧運開幕式中，007情報員隨女王跳傘入場，虎克船長與佛地魔再次現身，理應是英國故事裡才有的角色，觀眾卻不用透過翻譯或解說，心中自然響起了共鳴，腦海自動浮現了劇情，熱烈的掌聲中，是世人對英國故事的心有靈犀。

英國故事之所以吸引人，故事情節波瀾起伏、引人入勝是主因，但它的感染力之所以無遠弗屆，還在於它是「英語」故事。

英語，作為當代最強勢的國際主流語言，習之者，遠超過以英語為母語的人，恰與華語成反比。我們華語的使用人口，雖然貴為世界之冠，卻多是以華語為母語的人，真正願意學習華語的人數，遠比想像中的少。

古今中外，舉凡越是強大的國家，越容易成為他國模仿與學習的對象，人們也越願意去學習他們的語言和文化。中國唐朝的興盛，不就吸引了日本人前來習漢字、學漢典；太陽王路易十四統治下的法國，不也讓法語成為歐洲上流社會的

位於貝克街的福爾摩斯博物館，偶而還能遇見福爾摩斯的夥伴——華生。

帕丁頓熊的故事就從帕丁頓車站開始。

國王十字車站的九又四分之三月台是哈利波特迷必訪的聖地。

通用語言；冷戰時期與美國抗衡稱霸的蘇聯，強大的軍事科技實力，不正是吸引學子苦學艱澀俄語的原因？

近代「英語」風潮，起於十九世紀崛起的英國強權，雖然後來隨著二戰終結而沒落，但後繼的美國霸權，卻讓「英語」的國際地位得到了延續，成為人們競相學習的主流語言。

這股熱潮，台灣感同身受。

孩提時期，尚在牙牙學語階段，台灣父母就希望孩子中英雙語並軌，雙語幼托中心的報名人數是有增無減。

長大後，升學考試也以英語成績作為比序，因此補英文的風氣大行其道，英語補習班是一位難求。

生活中，對話雖不用英語，但英語的影響力卻無所不在，好比聽英語流行歌曲、看好萊塢電影、吃美國正宗麥當勞漢堡、用最新型的iphone手機，無形中，我們對英美文化不再陌生。

如此，是幸，因為我們與國際主流共進；也是不幸，因為我們對其他國家的多元文化，往往視而不見。

我們行旅歐洲五國時，多年來偏重英美的結果，讓我們對於英國知之甚詳，卻對其他國家知之甚寡，許多法、盧、荷、比的歷史，都是在我們親臨其境，實地踏在遺跡上，才真正有所見識。

古云「行萬里路，讀萬卷書」，行與知之間總要不斷地相互辯證，才能真正啟迪自己的視野。我們歐洲五國之旅應可為證道之行，前半的法、盧、荷、比在補不足，後半的大英之旅在於精進，合為完整的歐洲人文歷史篇章，進而成廣闊的國際觀。

誠然，知行合一，不可偏廢。

英式茶文化

「料理」是英國人的罩門，「英國料理」到現在還是難擺脫世人對它的負面印象，「cook like British」仍等同「難吃」。

雖然英國「食」在不如意，但在「飲」上卻獨步歐洲，從維多利亞時期傳承下來的英式茶文化，讓英國人扳回顏面，驕傲地自詡為品茗大國。

英國茶

十九世紀的英國，在維多利亞女王的領導下，唱著殖民主義的亢歌，靠著軍事的船堅炮利，英國成為世上最多殖民地的日不落帝國。

印度——以產茶聞名的國家——亦是其禁臠，原本高不可攀的神祕東方茶葉，在當時終於能以平易的價格輸入英國，讓喝茶不再是貴族的奢侈享受，中產階級亦能擁有下午茶的悠閒。

漸漸地，「喝茶」成為英國社會的普及文化。開步在倫敦街道，時常可見販售茶葉的專賣店，多以紅茶為主，較不興綠茶和烏龍茶。茶鋪的經營型態，也和台灣大相逕庭，台灣會以金屬罐來填裝單品茶葉、以斤兩來精算價格、以產地來標榜品質，且店內總要擺幾套茶具，親自為客人泡茶搏感情。

而英國的茶葉鋪講究的是現代化市場行銷，店內光鮮亮麗的時尚裝潢，架上清一色簡約的方形紙盒，盒內是一袋袋分裝妥當的小茶包，以迎合現代人講求時效的需求。就連茗茶的種類也不盡是單品，甚至還有調味茶，或將不同產地的茶葉相互搭配，幻化出濃淡萬千的紅茶口感；或將茶葉摻入花草香，增加紅茶的層次味蕾。各式各樣不同風味茶葉成列其間，琳瑯滿目，讓逛英國茶鋪既是消費也是賞藝。

價格不斐的「道地」英式下午茶。

我倆雖然不識品茗之道，只喝台灣飲料店速成的泡沫紅茶，但在英式精緻茶鋪的薰陶與感召下，竟然也不知不覺地買了兩大袋英國茶葉回台灣，珍之為藝品，而非茶。

英式下午茶

「英式下午茶」總予人一種安逸閒適的想像：望著西漸的餘暉，啜飲著微溫濃醇的阿薩姆紅茶，享受片刻的寧靜，舒展半日疲憊的身心。

各大旅遊手冊也對英式下午茶極盡推崇。稱英國當地的硬水，得天獨厚，最能讓紅茶散發應有的香甜；又稱英國溫煦的午後陽光，最能消融英國人的冷漠；或曰印度濃厚的阿薩姆茶香，最能舒緩工作的倦怠。

奈何，夢想與現實之間的差距，謂之「殘酷」。

倫敦的英式下午茶，要價不斐，貴族式三層點心架以台幣千元起跳，就算平民式的一塊蛋糕配一壺紅茶，也要台幣五百元才能品嚐得到。

像我們凡事克勤克儉的背包客，要掏出一客王品牛排的價錢，享用和85度C輕食差不多的下午茶，怎麼打量都不划算。

起初我們是鐵了心，打定主意堅守荷包，但在旅行的最後一天，終究被留學英國的表姊給說動了。

表姊推薦的下午茶鋪，藏身巷弄，外觀並不起眼，是屬於在地人的平價下午茶鋪，前往點餐的人潮始終沒有止歇。我們二人的下午茶餐飲：一塊香濃微甜的巧克力蛋糕、一份鑲著滿滿覆盆莓的奶油泡芙、和一大壺供兩人品飲的熱阿薩姆紅茶，總價十二英鎊，折合台幣六百元！

「貴是貴，但這就是貨真價實的『道地』英式下午茶啊！」我們腦海中再次浮現表姊昨晚略帶弦外之音的「道地」二字。

倚窗品茗，望眼所及是最真實的維多利亞式老宅，而非台灣餐廳牆仿真的英國街景大圖。在我們耳際繚繞的，是隔壁桌倫敦人的英語家常，絕非為了應景，特意播放的英文老歌。我們更不需要透過華麗的歐式瓷杯，表明自己喝得是下午茶，因為現在的時刻，就是英國的午後。

那是台灣再高級的下午茶餐廳，都無法比擬的「道地」，也是我們無法價量的英國文化體驗，因為「道地」無價。

後記

從計畫歐洲行程的那一刻起，我們的歐洲之旅就在腦海中流轉，即便回國，每次想起，所見所聞始終歷歷在目，心中的感動依舊如初。

遙想歐洲五國之旅，一路上，有歡笑，有汗水，還有更多的感謝。

我倆不是專職的旅行家，英語表達稱不上頂尖，至多是中級英檢程度；自由行的閱歷也淺薄，不過規劃過一個禮拜的首爾觀光。

這次居然要到歐洲勇闖五國，心中的忐忑與焦慮，無法言喻。尤其，常聽聞旅人在歐洲遭扒遇搶的慘況，更令我倆鎮日提心吊膽，擔心成為下一個受害者，出發當天還特地求神祈福，願一路順風。

廿五天的西歐之旅，雖然時常得懸著一顆心，必須顧慮安全、掌握時間、確認地圖，為任何突發狀況作及時反應，但我們一路走來是有驚卻無險，不但沒有遇到扒手偷錢，冥冥之中總有貴人相助。

——在法國，詢問多位車站專職站員，卻沒人能確切知道在哪一個櫃台可以買到楓丹白露宮車票，急得像熱鍋上的螞蟻，是車站的志工女士協助了我們。

——在法國，瘋馬秀的座位還沒坐熱，就被服務生誤認未付錢就偷開香檳，我們有苦難言，不知道如何用法語喊冤，是隔桌的法國情侶見義勇為，為我們伸出援「口」。

——在比利時，蕾差一點被貨車下降的油壓尾門撞傷，是路過的居民向司機大喊「STOP!」，免除了一場血光之災。

——在荷蘭，想向櫃檯借螺絲起子修理行李箱，是在地的華裔員工為我們作翻譯的。

——在英國Haltwhistle車站，找不到前往哈德良長城的公車，正打算放棄時，是雜貨店的老闆為我們解惑，還免費贈予公車班次表。

——在英國飢腸轆轆時，是帕丁頓車站的餐廳服務員，耐心地為我們解釋餐點與附餐特色，讓我們有一頓豐富又可口的餐點。

他們全是老天爺派來的神兵天將，助我們化險為夷。不經意的協助，我們滿懷感激，定為他們祝福。

尤其在英國攻讀博士的表姊，更是我們的活菩薩。

表姊在作研究的百忙之中，特地撥冗款待遠道而來的我們，不但自掏腰包叫外賣為我們洗塵，更慷慨地讓出她的閨房，供我們暫宿，自己則屈身在沙發上，繼續為論文挑燈夜戰。此外，當我們準備當背包客環遊大英本島時，表姊亦為我們挪出空間，提供我們安頓大件行李。她的傾力相助，我們沒齒難忘。

西歐五國之旅所帶回來的「戰利品」。

感念一路上相助的貴人，我們也感謝無形的天助。

我們七月底返國不久，英國就在八月初，無端地爆發一連串的青少年暴動，光天化日下大肆搶劫、破壞、和偷竊，表面是警察誤殺男子所致，但冰山底層的是英國青年對景氣差、失業率攀升的無理宣洩，從倫敦開始，蔓延到英國各大城市，一些我們才剛走過的都市，如利物浦和巴斯等都無一倖免，倫敦還幾度處於無政府狀態，及至八月中才真正平息。

如此橫禍，誰也難料，壞了無辜良民長久經營的社區環境，毀了英國好不容易建立出來的法制文明，更慘了正在英國或準備到此的旅人。我們行程恰好在七月底結束，躲過一劫，應是老天爺神來之手，將英國暴動往後推延，助我們趨吉避凶，免去一場無妄之災。

於此，我們要謝人，更要謝天。

西歐，一段不曾停歇的旅程：
法盧荷比英旅記

作　　者／黃亮鈞、劉蕾
圖文排版／賴英珍
封面設計／秦禎翊

出版發行／黃亮鈞、劉蕾

印　　製／秀威資訊科技股份有限公司
11491 台北市內湖區瑞光路76巷65號1樓
電話：+886-2-2796-3638　傳真：+886-2-2796-1377
http://www.showwe.com.tw

ISBN／978-957-43-1104-0
出版日期：2014年2月 POD初版
定價：360元

西歐,一段不曾停歇的旅程：法盧荷比英旅記 / 黃亮鈞,
劉蕾著. -- 一版. -- 桃園縣中壢市：黃亮鈞,
2014.02
面；　公分
POD版
ISBN　978-957-43-1104-0 (平裝)

1. 遊記　2. 西歐

740.719　　　　　　　　　　　　102027235

國家圖書館出版品預行編目